საქართველოში მცირე და საშუალო სიდიდის საწარმოების წვდომა მწვანე ფინანსებზე

OECD
BETTER POLICIES FOR BETTER LIVES

წინამდებარე ნაშრომზე პასუხისმგებელია ეკონომიკური თანამშრომლობისა და განვითარების ორგანიზაციის (ეთგო) გენერალური მდივანი. მასში გამოთქმული შეხედულებები და მოყვანილი არგუმენტები ერთმნიშვნელოვნად არ გამოხატავს ეთგო-ის წევრი-ქვეყნების ოფიციალურ აზრს.

წინამდებარე დოკუმენტი, ისევე როგორც, მასში მოყვანილი მონაცემები და რუკები არ აყენებს ზიანს რომელიმე ტერიტორიის სტატუსს ან სუვერენიტეტს, საერთაშორისო საზღვრებს ან გამყოფ ხაზებს, ნებისმიერ ტერიტორიის, ქალაქის ან სივრცის დასახელებას.

ისრაელთან დაკავშირებული სტატისტიკური მონაცემები მოწოდებულია ისრაელის შესაბამისი ოფიციალური სტრუქტურების პასუხისმგებლობის ქვეშ. ეთგო-ის მიერ ამ მონაცემების გამოყენება არ აყენებს ზიანს გოლანის მაღლობების, აღმოსავლეთ იერუსალიმის და დასავლეთ სანაპიროზე ისრაელის დასახლებების საერთაშორისო კანონმდებლობის პირობებით განსაზღვრულ სტატუსს.

ციტირების მისანიშნებლად გამოიყენეთ:
OECD (2020), *საქართველოში მცირე და საშუალო სიდიდის საწარმოების წვდომა მწვანე ფინანსებზე*, OECD Publishing, Paris, *https://doi.org/10.1787/943e0535-ka*.

ISBN 978-92-64-77197-0 (ბეჭდური ვერსია)
ISBN 978-92-64-82117-0 (PDF ფორმატი)

წინამდებარე თარგმანი განხორციელდა გარემოს დაცვის დირექტორატის უფლებამოსილებით და ეთგო მის სიზუსტეზე პასუხისმგებლობას არ იღებს. ოფიციალური ვერსიებია მხოლოდ ინგლისურ და ფრანგულ ენაზე.

ფოტო კრედიტი: ყდა © mika48/Shutterstock.com.

წინამდებარე ბუბლიკაციასთან დაკავშირებული შესწორებები შესაძლებელია ინახოს: *www.oecd.org/about/publishing/corrigenda.htm*.

© OECD 2020

წინამდებარე ნაშრომის გამოყენება, ელექტრონული ან ბეჭდური სახით, განსაზღვრულია წესებით და პირობებით, რომლებიც შესაძლებელია ინახოს: *http://www.oecd.org/termsandconditions*.

შესავალი

მცირე და საშუალო სიდიდის საწარმოები (მსს) მნიშვნელოვან როლს თამაშობენ საქართველოს ეკონომიკაში. ჯეოსტატის 2017 წლის მონაცემების მიხედვით, მსს-ზე მოდის დასაქმებულთა 67% და მთლიანი დამატებული ღირებულების 61.5%. თუმცა, ცალკე აღებული მსს-ს ზემოქმედების კვალი გარემოზე შესაძლოა შეუმჩნეველი იყოს, ერთობლივად - ბევრი მიმართულებით აჭარბებს დიდი ბიზნესების მიერ გარემოზე ზემოქმედების ხარისხს. ის მნიშვნელოვანი სექტორები, სადაც მსს-ბი განსაკუთრებულად ზემოქმედებენ გარემოზე მოიცავს სურსათის გადამუშავებას, წიაღის მოპოვებას და ტურიზმს (სასტუმროები და რესტორნები).

კომერციულ ბანკებს მნიშვნელოვანი როლის შესრულება შეუძლიათ მწვანე ფინანსებზე წვდომის უზრუნველყოფაში, განსაკუთრებით მსს-ებისთვის. თუმცა, ევროკავშირის აღმოსავლეთ პარტნიორობის ქვეყნებში არსებულ საბაზრო პირობებში, მათი ჩართულობა შეზღუდულია. ზოგადად, კომერციულ ბანკებს, საერთაშორისო ფინანსური ინსტიტუტების (სფი) მხარდაჭერით, შემოღებული ჰქონდათ მხოლოდ სპეციალური გარემოსდაცვითი საკრედიტო ხაზები და ამჟამად, სფი-ის მხარდაჭერის შეწყვეტასთან ერთად, ამ ბანკების მცირე რაოდენობა აგრძელებს ამ ტიპის პროდუქტის შეთავაზებას. იმის გარკვევა, თუ რა ჩანაფიქრი იყო და როგორ ხორციელდებოდა ამ ტიპის საკრედიტო ხაზის მოქმედება, შესაძლოა მნიშვნელოვანი ცოდნა მოგვცეს იმასთან დაკავშირებით, თუ რა შეიძლება გაკეთდეს საბანკო სექტორის შესაძლებლობებისა და მზადყოფნის ასამაღლებლად, რათა მათ გასცენ მწვანე ინვესტიციები მსს-თვის.

წინამდებარე ანგარიში წარმოადგენს საქართველოში გარემოსდაცვითი საკრედიტო ხაზების განვითარების და მსს-ებზე სესხებად გაცემის გამოცდილების მიმოიხილავს. ანგარიშში, საბანკო სექტორის როლისა და შესაძლებლობების, აგრეთვე მწვანე ინვესტიციებისათვის პოლიტიკური გარემოსა და მსს-ბის ფინანსებზე ფართო წვდომის უფრო დეტალური ანალიზის გაკეთებამდე, განხილულია ქვეყანაში მწვანე ინვესტიციების განხორციელების მაკროეკონომიკური და პოლიტიკური კონტექსტი. შემდგომ, ანგარიშში გაანალიზებულია საქართველოს სამი ბანკის (საქართველოს ბანკი, თი-ბი-სი ბანკი და პრო კრედიტ ბანკი) გამოცდილება, შეფასებულია წარმატებული მდგრადი ენერგო-სესხების პორტფელიოს შექმნისათვის ხელშემშლელი ბარიერები და წარმატებისათვის გადამწყვეტი ფაქტორები, ინსტიტუციონალური თვალსაზრისით. ეს ბანკები სრულად შესაბამისია აღნიშნული ანალიზისათვის, რადგან ისინი წარმოადგენენ უმსხვილეს ადგილობრივ ფინანსურ ინსტიტუტებს, რომლებმაც მიიღეს საერთაშორისო

ფინანსური ინსტიტუტების მიერ გამოყოფილი გარემოსდაცვითი საკრედიტო ხაზი საქართველოში.

წინამდებარე კვლევა წარმოადგენს ეკონომიკური თანამშრომლობისა და განვითარების ორგანიზაციის (ეთგო) უფრო დიდი პროექტის ნაწილს, რომელიც შეისწავლის იმ გარემოებებს, რაც აღმოსავლეთ პარტნიორობის ქვეყნებში კომერციული ბანკებისთვის შესაძლებელს გახდიდა მხარი დაეჭირათ მწვანე ინვესტიციებისათვის.

წინამდებარე ანგარიშის პროექტი მომზადდა მეთიუ სავაჟის მიერ (Oxford Consulting Partners), ნელი პეტკოპვასთან ერთად (ეთგო-ის გარემოსდაცვითი პროგრამა), რომელიც აგრეთვე ხელმძღვანელობდა მთლიანი პროექტის განხორციელებას. ანგარიშმა გაიარა კშიშტოფ მიხალაკის, დავიდ სიმეკის და ტაკაიოში კატოს ექსპერტიზა (ეთგო-ის გარემოსდაცვითი პროგრამის დირექტორატი) და მათი წინადადებები გათვალისწინებულია ანგარიშში. საქართველოდან ბევრმა ჩვენმა კოლეგამ თავისი წვლილი შეიტანა წინამდებარე ანგარიშის მომზადებაში; განსაკუთრებით მადლიერება გვსურს გამოვხატოთ დავით ადვაძისა და ცისნამი საბაძის (ეკონომიკისა და მდგრადი განვითარების სამინისტრო), ანი ვაშაყმძის (საქართველოს ინოვაციებისა და ტექნოლოგიების სააგენტო), თამარ ხიზანიშვილისა და ქეთი ბიწკინაშვილის (თი-ბი-სი ბანკი), ქეთევან მუმლაძის და ნათია კალანდარიშვილის (საქართველოს ბანკი), ქეთევან კეკელაშვილის (პრო კრედიტ ბანკი ბანკი), ანდრეას ბერჰოფის (ევროპის საინვესტიციო ბანკი), ტატიანა ჩერნიავსკაიას (გაეროს ინდუსტრიული განვითარების ორგანიზაცია), მიხეილ ხუჭუას (GIZ-საქართველო), მალხაზ ადეიშვილს (გაეროს განვითარების პროგრამა საქართველოში), გიორგი მუხიგულიშვილს (მსოფლიო გამოცდილება საქართველოსთვის) მიმართ.ეროვნული პოლიტიკის დიალოგის შეხვედრის მონაწილეებმა, რომელიც 2019 წლის 16 ივლისს თბილისში გაიმართა, როგორც წინამდებარე ნამუშევრის შემადგენელი ნაწილი, განიხილეს მთავარი დასკვნები. დებატები და იქ გამოთქმული შეხედულებები დაგვეხმარა სწორი ანალიზის გაკეთებაში. პროექტის განმახორციელებელი გუნდი განსაკუთრებულ მადლიერებას გამოხატავს ეკონომიკისა და მდგრადი განვითარების მინისტრის პირველი მოადგილის, ქალბატონ ეკატერინე მიქაბაძის და აგრეთვე ყოფილი მოადგილის, ქალბატონ ირმა ქავთარაძის მიმართ, მხარდაჭერისთვის, რჩევებისა და ჩართულობისთვის პროექტის განხორციელების მსვლელობაში.

ალექსანდრა ბოგაზი, მარია დუბოი და ჯონათან რაითი ახორციელებდნენ პროექტის საერთო მხარდაჭერას. სუინ იონგი დაგვეხმარა თბილისში შეხვედრის ორგანიზებაში და მისი ჩართულობა უმნიშვნელოვანესი იყო. პიტერ კარლსონმა და ლუპიტა იოჰანსონმა აღმოგვიჩინა ძალზედ საჭირო დახმარება, პროექტთან დაკავშირებული კომუნიკაციის თვალსაზრისით. მარკ ფოსმა მოახდინა ტექსტის რედაქტირება. ლილი უშვერიძემ თარგმნა წინამდებარე ანგარიში ქართულად.

წინამდებარე ნამუშევარი შეუძლებელი იქნებოდა ყველა აღნიშნული კოლეგის გარეშე და მათ მიერ გაწეული წვლილი მადლიერებით იქნა აღნიშნული.

წინამდებარე კვლევა წარმოადგენს ეთგო-ის დიდი პროექტის ნაწილს, რომელიც იკვლევს იმ გარემოებებს და პირობებს, რაც კომერციულ ბანკებს აღმოსავლეთ პარტნიორობის ქვეყნებში მწვანე ინვესტიციები განხორციელების შესაძლებლობას მისცემდა.

კვლევა განხორციელდა „ეკონომიკის გამწვანება ევროკავშირის აღმოსავლეთ სამეზობლოში" (EaP GREEN) და „ევროკავშირი გარემოსათვის" (EU4Environment) პროექტების ფარგლებში და ფინანსური მხარდაჭერით. ამ პროექტების მიზანია აღმოსავლეთ პარტნიორობის ექვს წევრ ქვეყანის (სასომხეთი, აზერბაიჯანი, ბელარუსი, საქართველო, მოლდოვა და უკრაინა) მხარდაჭერა, რათა მათ იმოძრაონ მწვანე ეკონომიკის მიმართულებით იმგვარად, რომ ეკონომიკური ზრდა არ იწვევდეს გარემო სივრცის დეგრადირებას და რესურსების ამოწურვას. წინამდებარე კვლევა აგრეთვე განხორციელდა გარემოს, ბუნების კონსერვაციის, მშენებლობის და ბირთვული უსაფრთხოების გერმანიის ფედერალური სამინისტროს მიერ, მისი კლიმატის საერთაშორისო ინიციატივების ფარგლებში

შინაარსი

შესავალი **3**

შემოკლებები და აკრონიმები **11**

რეზიუმე **15**

თავი 1. საქართველოში მწვანე ინვესტიციებისათვის არსებული მაკროეკონომიკური გარემო **19**

1.1. პოლიტიკური გარემო 20
1.2. მაკროეკონომიკური მდგომარეობა 20
1.3. საინვესტიციო გარემო 23
1.4. სამომავლო ხედვები 24
შენიშვნა 25
გამოყენებული ლიტერატურა 26

თავი 2. მცირე და საშუალო სიდიდის საწარმოებთან დაკავშირებულკი პოლიტიკა საქართველოში **27**

2.1. მსს-ის განვითარებისათვის არსებული გარემო 28
2.2. მსს-ის დეფინიცია საქართველოში 29
2.3. მსს-ის მიმართ არსებული პოლიტიკა 30
2.4. ეროვნული მსს-ის განვითარების სტრატეგია 31
2.5. ინსტიტუციონალური მხარდაჭერა 32
2.6. მსს-ის მხარდამჭერი პროგრამები და ღონისძიებები 34
2.7. განსახორციელებელი ღონისძიებები 34
2.8. ფინანსებზე წვდომის ბარიერები 35
2.9. ფინანსური სტრუქტურები 37
2.10. ბაზარზე არსებული ხარვეზები მსს-ის მწვანე ინვესტიციების განსახორციელებლად 38
გამოყენებული ლიტერატურა 40

თავი 3. ენერგეტიკული, გარემოს დაცვითი და კლიმატთან დაკავშირებული პოლიტიკები საქართველოში **43**

3.1. არსებული მდგომარეობა 44
3.2. განახლებადი ენერგიები 48
3.3. განვითარების პოტენციური სივრცეები 49
შენიშვნები 51
გამოყენებული ლიტერატურა 52

თავი 4. კლიმატთან დაკავშირებული ფინანსები მსს-თვის საქართველოში **55**

საქართველოში მცირე და საშუალო სიდიდის საწარმოების წვდომა მწვანე ფინანსებზე © OECD 2020

4.1. ზოგადი მიმოხილვა 56
4.2. საკრედიტო ბაზარი საქართველოში........ 57
4.3. მწვანე კრედიტები........ 58
4.4. ადგილობრივი ბანკები, რომლებიც საქართველოში მწვანე სესხებს გასცემენ........ 63
4.5. წარმატების ძირითადი ფაქტორები 64
4.6. ძირითადი გამოწვევები 66
4.7. არსებული პოლიტიკის დოკუმენტები 70
შენიშვნები 72
გამოყენებული ლიტერატურა 73

თავი 5. რეკომენდაციები დარგში პოლიტიკის განმახორციელებლებისათვის........ 75

5.1. გარემოს დაცვის პოლიტიკის და რეგულაციების გაძლიერება........ 77
5.2. მსს-ის როლის განსაზღვრა "მწვანეზე" გარდამავალ პერიოდში........ 79
5.3. მსს-თვის ფინანსებზე უფრო ფართო წვდომის გაუმჯობესება 80
5.4. მსს-თვის საქართველოში მწვანე ფინანსებზე წვდომის და მათი მიღების პირობების გაუმჯობესება 82
5.5. საქართველოს ეკონომიკაში მწვანე ფინანსებზე საერთო წვდომის შეფასება........ 84
5.6. მსს-ს შორის ცოდნის ამაღლება მწვანე ეკონომიკის საკითხებთან დაკავშირებით........ 86
გამოყენებული ლიტერატურა 88

დანართი A. საქართველოს საბანკო სექტორი 89

ბაზრის სტრუქტურა და ძალათა გადანაწილება 89
საბანკო სექტორში არსებული ტენდენციები........ 91
მიმდინარე რეფორმა........ 95
გამოყენებული ლიტერატურა 96

დანართი B. ინვესტიციები მსს-ის რესურს-ეფექტიან და დაბალი ღირებულების მქონე ენერგიებში 97

ცხრილები

ცხრილი 2.1. საქართველოში მსს-ის ახალი დეფინიცია........ 29
ცხრილი 2.2. მსს-ის ევროკავშირის დეფინიცია 29
ცხრილი 3.1. საქართველოში შესაბამისი ენერგეტიკული და გარემოს დაცვითი პოლიტიკური მიმოხილვა 46
ცხრილი 4.1. საქართველოს იმ ფინანსური ინსტიტუტების მიმოხილვა, რომლებმაც საერთაშორისო საფინანსო ინსტიტუტებისგან მიიღეს მხარდაჭერა........ 62

ცხრილი A A.1. კონსოლიდაცია საქართველოს საბანკო ბაზარზე 91

გრაფიკები

გრაფიკი 1.1. მშპ-ის რეალური ზრდის ტემპები 2008-18 წწ. წლიურად (%) 21

საქართველოში მცირე და საშუალო სიდიდის საწარმოების წვდომა მწვანე ფინანსებზე © OECD 2020

გრაფიკი 1.2. ლარი/აშშ დოლარი გაცვლითი კურსი, 2008-18 21
გრაფიკი 1.3. წლიური სამომხმარებლო ინფლიაცია საქართველოში, 2008-18 წწ., (%) 22
გრაფიკი 1.4. საქართველოში ძირითადი მონეტარული პოლიტიკის საპროცენტო
    განაკვეთები 2008-18 წწ, ყოველწლიური პროცენტული მაჩვენებელი............................ 22
გრაფიკი 1.5. საქართველო რეიტინგებში: "ბიზნესის კეთების" ანგარიში 2008-18 წწ. 23
გრაფიკი 1.6. ძირითადი კაპიტალის მთლიანი ზრდა მშპ-თან მიმართებაში, 2008-18 წწ... 24
გრაფიკი 1.7. პირდაპირი საზღვარგარეთული ინვესტიციების შემოდინება
    წილობრივად მშპ-თან მიმართებაში, 2008-18 წწ. 24
გრაფიკი 4.1. კრედიტების ზრდა მშპ-ის ზრდასთან მიმართებაში საქართველოს
    ბანკებში, წილობრივად, წლების მიხედვით, 2008-18.. 57

გრაფიკი A A.1. არასაბანკო ფინანსური აქტივების წილი მთლიან აქტივებთან
    მიმართებაში, 2008-18 წწ... 89
გრაფიკი A A.2. საზედამხედველო კაპიტალის ადეკვატურობის დონე საქართველოს
    ბანკებისთვის (ბაზელი III), პროცენტულად, 2014-18 92
გრაფიკი A A.3. დაუბრუნებელი კრედიტები საქართველოს ბანკებში,
    წილობრივად, 2008-18... 93
გრაფიკი A A.4. საკუთარი კაპიტალის რენტაბელობა საქართველოს ბანკებში, 2008-18,
    წილობრივად 93
გრაფიკი A A.5. თველოს ბანკების კლიენტთა დეპოზიტები ჯამურ სესხებთან
    მიმართებაში, წილობრივად, 2008-18.. 94
გრაფიკი A A.6. საქართველოს ბანკების მიერ გაცემული, ქართულ ვალუტაში
    დენომინირებული სესხების წილი, 2008-18 95

მატრიცები

მატრიცა 4.1. საერთაშორისო ფინანსური ინსტიტუტები, რომლებიც საქართველოში
    დაფინანსებას ახორციელებენ 60
მატრიცა 4.2. იმ კრიტერიუმების ჩამონათვალი, რომლის მიხედვითაც პრო კრედიტ
    ბანკი ეკო სესხებს გასცემს... 70

შემოკლებები და აკრონიმები

აშ	ასოცირების შეთანხმება
აგბ	აზიის განვითარების ბანკი
სმპმს	სოფლის მეურნეობის პროექტების მართვის სააგენტო
სბ	საქართველოს ბანკი
კაკ	კაპიტალის ადეკვატურობის კოეფიციენტი
სსს	საკრედიტო საგარანტიო სქემა
ერგბ	ევროპის რეკონსტრუქციისა და განვითარების ბანკი
ეკ	ევროკომისია
ას	საქართველოს მეწარმეობის განვითარების სააგენტო
ეე	ენერგო ეფექტურობა
ესბ	ევროპის საინვესტიციო ბანკი
ევროკავშირი	ევროპის კავშირი
ევრო	ევრო
უვ	უცხოური ვალუტა
პუი	პირდაპირი უცხოური ინვესტიციები
ფი	(ადგილობრივი) ფინანსური ინსტიტუტების
უვგკ	უცხოური ვალუტის გაცვლითი კურსი
ასსპ	საქართველოს სავაჭრო-სამრეწველო პალატა
გკსფ	გლობალური კლიმატის საპარტნიორო ფონდი
მშპ	მთლიანი შიდა პროდუქტი
სდა	საქართველოს დამსაქმებელთა ასოციაცია
ეეგეფ	ენერგო ეფექტურობისა და განახლებადი ენერგიის ფონდი
სმ	საქართველოს მთავრობა
სმსსა	საქართველოს მცირე და საშუალო საწარმოების ასოციაცია
მდღ	მთლიანი დამატებული ღირებულება
სფკ	საერთაშორისო ფინანსური კორპორაცია

სფი	საერთაშორისო ფინანსური ინსტიტუტები
დგს	დაბალემისიებიანი განვითარების სტრატეგია
მსმსცსმ	მიწით სარგებლობა, მიწით სარგებლობის ცვლილება და სატყეო მეურნეობა
აგპ	ათასწლეულის გამოწვევის პროექტი
ემგს	ეკონომიკისა და მდგრადი განვითარების სამინისტრო
მისო	მიკრო-საფინანსო ორგანიზაციები
მპმო	მუნიციპალური პროექტების მხარდამჭერი ორგანო
სეზ	საქართველოს ეროვნული ბანკი
ეეესგ	ეროვნული ენერგო ეფექტურობის სამოქმედო გეგმა
უვ	უიმედო ვალი
ეთგო	ევროპის თანამშრომლობისა და განვითარების ორგანიზაცია
აგბ	ავსტრიის განვითარების ბანკი
ეშხ	ელექტროენერგიის შესყიდვის ხელშეკრულება
გე	განახლებადი ენერგია
რზშ	რეგულირების ზეგავლენის შეფასება
სკრ	საკუთარი კაპიტალის რენტაბელობა
ემბა	ევროპის მცირე ბიზნესის აქტი
მესგ	მდგრადი ენერგიების სამოქმედო გეგმები
მჰე	მცირე ჰიდრო ელექტროსადგური
მსს	მცირე და საშუალო საწარმოები
ენმ	ერთიანი ნაციონალური მოძრაობა
აშშ დოლარი	ამერიკის შეერთებული შტატების დოლარი
დღგ	დამატებული ღირებულების გადასახადი
მბ	მსოფლიო ბანკი
BAU-მოდელი	ბიზნესის წარმოება არსებული პრაქტიკის შენარჩუნებით
COP	Conference of the Parties under the UNFCCC კლიმატის ცვლილებაზე გაერთიანებული ერების ჩარჩო კონვენციის ფარგლებში პარიზის კონფერენცია
DCFTA-დი-სი-ეფ-თი-ეი	რმა და ყოვლისმომცველი თავისუფალი ვაჭრობის შეთანხმება
EaP	ევროკავშირის აღმოსავლეთ პარტნიორობის ქვეყნები

EaP GREEN	ევროკავშირის აღმოსავლეთ პარტნიორობის ქვეყნები ევროკავშირის მიერ მხარდაჭერილი პროექტი „ევროკავშირის აღმოსავლეთ პარტნიორობის ქვეყნების მწვანე ეკონომიკის ხელშეწყობა“
FTSE ინდექსი	Financial Times and Stock Exchange (index)
GEL	ლარი (საქართველოს ფულის ერთეული)
GGF	ფონდი მწვანე ზრდისათვის
GHG	სათბური გაზი
GITA	საქართველოს ინოვაციებისა და ტექნოლოგიების სააგენტო
GIZ	გერმანიის საერთაშორისო თანამშრომლობის ორგანიზაცია
KfW	Kreditanstalt für Wiederaufbau - გერმანიის მთავრობის საკუთრებაში არსებული განვითარების ბანკი
NAMA	ეროვნულად მისაღები შემარბილებელი ღონისძიებები
NAP	ეროვნული ადაპტაციის გეგმა
NATO	ჩრდილო-ატლანტიკური ალიანსი
NDC	ეროვნულად განსაზღვრული წვლილი
UNDP	გაერთიანებული ერების განვითარების პროგრამა
UNFCCC	გაერთიანებული ერების ჩარჩო კონვენცია კლიმატის ცვლილებაზე
UNIDO	გაერთიანებული ერების ინდუსტრიული განვითარების ორგანიზაცია
USAID	საერთაშორისო განვითარებისთვის აშშ-ის სააგენტო

საზომი ერთეულები

CO_2	ნახშირორჟანგი
$MtCO_2e$	მილიონი ტონა ნახშირორჟანგის ეკვივალენტი
MW	მეგავატი
MWh	მეგავატ საათი

რეზიუმე

მსს-თან დაკავშირებული პოლიტიკა

საქართველოს ეკონომიკა დიდადაა დამოკიდებული მცირე და საშუალო სიდიდის საწარმოებზე (მსს). ჯეოსტატის 2017 წლის მონაცემების მიხედვით, მათზე მოდის დასაქმებულთა 67% და მთლიანი დამატებული ღირებულების 61.5%. ეკონომიკური თანამშრომლობისა და განვითარების ორგანიზაციის მიერ შემუშავებული მცირე და საშუალო ბიზნესის პოლიტიკის ინდექსის (OECD SME Policy Index) მიხედვით საქართველოს, მსს-ის განვითარების არსებული პოლიტიკით და სისტემით, საუკეთესო მაჩვენებელი აქვს ევროკავშირის აღმოსავლეთ პარტნიორობის რეგიონში. მიუხედავად ამისა, მსს-ბშ შედარებით მცირე დამატებითი ღირებულება იწარმოება(მაგ. ვაჭრობა, უძრავი ქონება) და აწყდება ბარიერებს საკუთარი ოპერირების გასაფართოებლად.

გარემოსდაცვითი და კლიმატის ცვლილებასთან დაკავშირებული პოლიტიკა

საქართველოში საერთაშორისო ვალდებულებების შესრულების მიზნით შემუშავებულია გარემოსდაცვითი პოლიტიკის დოკუმენტები და ეკონომიკის „გამწვანების“ ხელშემწყობი სტრატეგიები. საქართველოს მთავრობამ მოახდინა იმ აუცილებელი ინვესტიციების მოცულობის იდენტიფიცირება, რომელიც საჭიროა 2030 წლამდე გარდამავალი პერიოდისათვის და რაც 8 მლრდ. დოლარს უტოლდება. ამასთან, განახლებადი ენერგიების და ენერგოეფექტურობის კანონები და სამოქმედო გეგმები ჯერ კიდევ შემუშავების სტადიაზეა და არ არსებობს არანაირი სავალდებულო სამიზნე მაჩვენებლები განახლებად ენერგიებთან დაკავშირებით. გარემოსდაცვითი სტანდარტების იძულებითი შემოღებას (აღსრულების წესის შემოღება) აკლია თანამიმდევრულობა. მსს-ის განსაკუთრებული როლი მწვანე ზრდაში და ის ბარიერები, რომელსაც ისინი აწყდებიან, არაა ნათლად გააზრებული.

საქართველოში მნიშვნელოვანი წილი უკავია არაფორმალურ ეკონომიკას, რომლის დიდი ნაწილი დაკავშირებულია მსს-თან. ფისკალურ და მაკროეკონომიკურ გამოწვევებთან ერთად, არაფორმალური ეკონომიკის დიდი მასშტაბებით არსებობა პრობლემას უქმნის ეფექტური გარემოსდაცვითი რეგულაციების განხორციელებას. გამომდინარე აქედან, ეკონომიკის ფორმალიზება მთავრობის პრიორიტეტებს შორის უნდა იყოს.

ფინანსური ბაზრები მსს-თვის

ფინანსებზე წვდომა გამოწვევას წარმოადგენს მსს-თვის, ისევე, როგორც მთელს რეგიონში. კომერციული ბანკები მსს-ის დაფინანსების მთავარი წყაროა, მაგრამ სესხის გამცემისათვის მსს სექტორი განიხილება როგორც მაღალი რისკის მატარებელი. საპროცენტო განაკვეთებიც მაღალია (15%+), ისევე, როგორც

სესხის უზრუნველყოფასთან დაკავშირებული მოთხოვნები (130% და მეტი). მიკროსაფინანსო ორგანიზაციების მიერ შეთავაზებული საპროცენტო განაკვეთები მნიშვნელოვნად მაღალია. სესხის ამღებნი განიცდიან ჭარბვალიანობას ან საკმარისი აქტივების ნაკლებობას, რომელსაც სესხის უზრუნველყოფად გამოიყენებდნენ. პროექტის საფუძველზე განხორციელებული დაფინანსება ხშირ შემთხვევაში არ გამოიყენება. ლიზინგისა და ფაქტორინგის საფუძველზე მიღებული ფინანსური პროდუქტები აგრეთვე განუვითარებელია. სესხების დოლარიზაცია, რომლის საფუძველი შედარებით დაბალი საპროცენტო განაკვეთია, აგრეთვე წარმოშობს პოტენციურ რისკებს როგორც ინდივიდუალური მსესხებლებისათვის, ასევე - სისტემურ დონეზე. მთავრობა აქტიურად მუშაობს აღნიშნული რისკების ნაწილის გასანეიტრალებლად.

ბაზარზე არსებული შეუსაბამობა მსს-ის მხრიდან „მწვანე“ ინვესტირებისათვის

ერთ-ერთი უმთავრესი გამოწვევა, რასაც მწვანე მსს-ბი აწყდებიან, ესაა ბაზარზე არსებული შეუსაბამობა, ფინანსური ინსტიტუტების მხრიდან, მცირე და საშუალო საწარმოებისთვის შეთავაზებულ მწვანე კრედიტებთან დაკავშირებით. უმრავლესობა იმ ბანკებისა, რომლებიც მწვანე საკრედიტო ხაზის მომსახურებას ახორციელებენ, უფრო მეტად ახდენენ მსხვილი კლიენტების მომსახურებას და, შესაბამისად, კრედიტების სიდიდეც ხშირად აღემატება იმ სიდიდეს, რაც მსს-ს სავარაუდოდ სჭირდებათ (დაახლოებით, >500 000 ევრო). ეს განპირობებულია მასშტაბის ეფექტით და დიდი მოცულობის საკრედიტო პორტფელთან დაკავშირებული მონაცემების გადამუშავების დაბალი ხარჯებით. მეორეს მხრივ, ბაზარზე არიან მიკრო-საფინანსო ორგანიზაციები, რომლებიც ემსახურებიან პატარა სიდიდის საწარმოებს (10 000 ევრომდე), მაგრამ მნიშვნელოვნად უფრო მაღალი საპროცენტო განაკვეთით (ზევრი ქართული მსს-ბი თავად წარმოადგენენ მიკრო-საწარმოებს). თუმცა მცირე და საშუალო საბანკო კომპანიები კარგად არიან მორგებულნი მცირე ფირმების მომსახურებაზე, მათში მაინც შეინიშნება „მწვანეზე“ ორიენტირების ნაკლებობა და, ამ საშუალო სეგმენტისთვის (სესხები 10 000-დან 30 000 ევრომდე), სესხებზე წვდომის შეზღუდულობა. ეს მომხმარებლები, ერთობლივად, მნიშვნელოვან ზეგავლენას ახდენენ გარემოზე. მთავრობის მიერ განხორციელებულ პოლიტიკაში მეტი ყურადღება უნდა იქნას მიმართული შეუსაბამობაზე საჯარო და კერძო დაფინანსებას შორის.

გამოწვევები მსს -ის შესაძლებლობებთან დაკავშირებით

პროგრესი მსს-სთვის მწვანე ფინანსების ბაზრის შესაქმნელად შეზღუდულია, თავად მსს-ს შორის ფინანსებთან დაკავშირებული ცოდნის სისუსტით, მათი ღარიბი საკრედიტო ისტორიით და ბიზნესის დაგეგმვის მწირი უნარებით, თუმცა ამ მიმართულებით მდგომარეობა უმჯობესდება. მსესხებლებს შორის აგრეთვე შეინიშნება დაბალი ცნობიერება მწვანე ინვესტიციებიდან მომდინარე ეკონომიკურ ეფექტთან, მათ შორის, მისაღებ სარგებელთან, პროდუქტიულობასა და ხარისხობრივ უპირატესობებთან დაკავშირებით.

მწვანე ინვესტიციები შეიძლება განხილული იქნას როგორც შესაძლებლობის ფასი გაფართოებული წარმოებიდან.

ფინანსური დაწესებულებების როლი

მწვანე პროექტებისათვის, საერთაშორისო ფინანსურმა ინსტიტუტებმა (IFIs), საქართველოს 8 ბანკს უკვე გამოუყო დაახლოებით 400 მლნ. აშშ დოლარის ოდენობის შეღავათიანი საკრედიტო ხაზი, ბოლო ათწლეულის განმავლობაში. ეს სესხები უპირველეს ყოვლისა მიმართული იყო განახლებად ენერგიებზე და ენერგო ეფექტურობაზე. ამ 8 ბანკიდან საქართველოს ბანკი, თი-ბი-სი ბანკი და პრო კრედიტ ბანკი იყვნენ ყველაზე აქტიურები მწვანე კრედიტების გაცემაში, თუმცა მხოლოდ პრო კრედიტ ბანკმა გააკეთა ეს მდგრადი მწვანე სასესხო პროდუქტის მეშვეობით.

ფინანსებზე წვდომის ბარიერები

სფი-ის მიერ ფინანსური შუამავლებისათვის გამოყოფილი გარემოს დაცვასთან დაკავშირებული საკრედიტო ხაზები, უმთავრესად დიდ კომპანიებსა და პროექტებს მოხმარდა. საშუალოდ, თითოეული ამ პროექტის ღირებულება 1 მლნ. დოლარს უტოლდებოდა. ეს, ერთის მხრივ, იმის მაჩვენებელია, რომ ბანკები, რომლებიც პატარა მსესხებლებთან მუშაობენ, მაღალი ტრანზაქციის ღირებულება აქვთ. ამასთან, საერთაშორისო ფინანსური ინსტიტუტების მიერ მსს-ბის დეფინიცია არ ემთხვევა ქართულ სინამდვილეს. ზოგი საკრედიტო ხაზი იმგვარი იყო, რომ ძნელი გასარჩევი იყო ენერგოეფექტიანობის პროექტებს უკავშირდებოდა თუ განახლებადი ენერგიების პროექტს. ამგვარი მდგომარეობა იმით დამთავრდა, რომ თანხები მსს-ის განვითარებისა ნაცვლად, ჰიდროელექტროსადგურებს მოხმარდა.

წარმატების უმთავრესი ფაქტორები

ბანკებმა თავად უნდა დასძლიონ გამოწვევები, რათა ხელი შეუწყონ მწვანე სესხების განვითარებას. რიგ შემთხვევებში არსებული წარმატებული პრაქტიკა დაკავშირებულია: გარიგებებში თავად უმაღლესი მენეჯმენტის მონაწილეობასთან, სტანდარტული მწვანე საბანკო პროდუქტების განვითარებასთან, საკმარისი ფინანსური და საშტატო რესურსების განთავსებსთან, მომზადების პროცესის ხარისხთან, მასშტაბის დადებით ეფექტთან, რაც ტრანზაქციის სავარაუდო ღირებულების ანაზღაურებას ახდენდა, და გამჭვირვალობისა და მმართველობის მაღალ დონესთან.

გასატარებელ პოლიტიკასთან დაკავშირებული რეკომენდაციები

მცირე ბიზნესის როლის გათვალისწინებით, მსს-თვის მწვანე ფინანსებზე წვდომის გაუმჯობესების გზით, საქართველოში, შესაძლებელია მნიშვნელოვანი ეკონომიკური და გარემოსდაცვითი სარგებლის მიღება. ამ მიმართულებით პოლიტიკის განმსაზღვრელებმა უნდა განახორციელონ შემდეგი ქმედებები:

- მიიღონ ენერგო ეფეტურობისა და განახლებადი ენერგიების კანონმდებლობა, მიიღონ რეგლამენტები (შენობებსა და

მოწყობილობებთან დაკავშირებით), გააძლიერონ აღსრულების მექანიზმები, თანდათან შეცვალონ გარემოსდაცვითი სტანდარტები და შეამცირონ წიაღისეული საწვავის სუბსიდირება საბაზრო კონიუნქტურის შესაქმნელად.

- არსებული შესაძლებლობებისა და ბარიერების გათვალისწინებით, შეიმუშაონ ნათელი პოლიტიკური ხედვები მსს-ბის როლის შესახებ მწვანე ეკონომიკაზე გადასვლის პროცესში, უზრუნველყონ მსს-ბის ჩართულობა კლიმატის ეროვნულ სტრატეგიებსა და პროგრამებში.
- ყურადღება მიაქციონ მსს-ის ფინანსებზე წვდომის საკითხებს, მათ შორის ადგილობრივი წარმომავლობის ფინანსებზე, იზრუნონ მსს-ის ფინანსური ცოდნის ამაღლებაზე, გამოიკვლიონ და მოძებნონ მსს-ის დაკრედიტებისთვის საჭირო გარანტიები და ხელი შეუწყონ არასაბანკო დაფინანსებას (მაგ. ლიზინგი).
- მუშაობა წარმართონ განვითარების ეროვნულ ფონდებთან (მაგ. აწარმოე საქართველო) და კომერციულ ბანკებთან, გაუმჯობესებულ საპროცენტო განაკვეთებსა და შემცირებულ საგარანტიო მოთხოვნებთან დაკავშირებით, მსს-თვის მწვანე კრედიტების დაბალი ღირებულების და გაუმჯობესებული პირობების მიზნით.
- გააუმჯობესონ მწვანე ფინანსებზე წვდომა და ეფექტურობა, მწვანე ბონდების ბაზრის, ყველა ტიპის კლიმატთან დაკავშირებული ფინანსური მექანიზმების და ეროვნული ბანკის მდგრადი აქტივების განთავსებასთან დაკავშირებული რეგულაციების გონივრული გამოყენებით.
- აამაღლონ ცნობიერება მსს-ს შორის, ენერგო ეფექტურობასა და განახლებადი ენერგიების შესაძლებლობებთან დაკავშირებით, მხარი დაუჭირონ ენერგო მენეჯმენტის სისტემების შემოღებას და წაახალისონ მწვანე ინვესტიციებისა და ბრენდირების სარგებელი.

თა ვ ი 1. საქართველოში მწვანე ინვესტიციებისათვის არსებული მაკროეკონომიკური გარემო

წინამდებარე თავში აღწერილია საქართველოში მწვანე ინვესტიციების განხორციელების მაკროეკონომიკური და პოლიტიკური გარემო და, განსაკუთრებით, საინვესტიციო კლიმატი. ეკონომიკის ზოგადი მდგომარეობა ავლენს ქვეყანაში მწვანე ფინანსების მოზიდვის აუცილებლობას და მთლიანობაში, 7 გრაფიკში, განხილულია 2008-18 წწ. ტენდენციები. იგი მოიცავს რეალური მშპ-ს ზრდის ტემპებს, ლარი/აშშ დოლარის გაცვლით კურსს, წლიური სამომხმარებლო ინფლაციის დონეს, ძირითადი მონეტარული პოლიტიკის საპროცენტო განაკვეთებს, ძირითადი კაპიტალის მთლიან ზრდას და პირდაპირი უცხოური ინვესტიციების წმინდა შემოდინებას. აგრეთვე მოცემულია „ბიზნესის კეთების" რეიტინგებში საქართველოს მიერ ნაჩვენები შედეგები 10 წლის განმავლობაში. თავი მთავრდება მოსაზრებებით იმასთან დაკავშირებით, თუ საინვესტიციო კლიმატის ზოგადი გაუმჯობესება როგორ შეუწყობს ხელს მწვანე დაფინანსების უფრო მაღალ ხარისხს, განსაკუთრებით ენერგო სექტორში.

1.1. პოლიტიკური გარემო

განვლილ პერიოდში საქართველომ მნიშვნელოვანი ეკონომიკური და პოლიტიკური არასტაბილურობის წლები გაიარა. 2008 წელს აფხაზეთმა და სამხრეთ ოსეთმა გამოაცხადეს დე-ფაქტო დამოუკიდებლობა საქართველოსგან. თბილისი ისწრაფვის ინტეგრირებისკენ ნატოსა და ევროკავშირში. თუმცა, საქართველოს სიშორემ ევროპის მოწინავე ქვეყნებისგან და რუსეთის ფედერაციასთან არსებულმა მდგომარეობამ, თბილისი წაახალისა, დამატებით პარტნიორული ურთიერთობების დაემყარებინა აზერბაიჯანთან და თურქეთთან.

საქართველოში პოლიტიკური მმართველობა ზოგადად სტაბილურია და დაბალანსება ხდება ორ, ურთიერთსაწინააღმდეგო გამოწვევას შორის: ერთის მხრივ ესაა, დემოკრატიულ რეფორმები და მეორეს მხრივ, მმართველი ელიტის სურვილი, მოახდინოს ძალაუფლების კონსოლიდაცია. 2012 წელს ხელისუფლებაში მოვიდა ქართული ოცნების მთავრობა და მის მერე, იგებს ყველა არჩევნებს დიდი სხვაობით, ამარცხებს რა ერთიან ნაციონალურ მოძრაობას, რომელიც 2003-12 წლებში მართავდა ქვეყანას.

2016 წლის ივლისში ევროკავშირსა და საქართველოს შორის გაფორმებულ ასოცირების ხელშეკრულებას დაერთო ღრმა და ყოვლისმომცველი თავისუფალი ვაჭრობის შეთანხმება (DCFTA)[1] (European Union, 2014[1]). ევროკავშირი საქართველოს მთავარი სავაჭრო პარტნიორია. 2018 წლის მონაცემებით, საქართველოს სავაჭრო ტვირთბრუნვის დაახლოებით 27% ევროკავშირზე მოდის, რომელსაც მოსდევს თურქეთი (14%) და რუსეთის ფედერაცია (11%) (European Commission, 2019[2]).

1.2. მაკროეკონომიკური მდგომარეობა

2003 წელს განხორციელებული ხელისუფლების ცვლილებიდან, ქვეყანამ დაიწყო რეფორმები ეკონომიკის ლიბერალიზაციის მიმართულებით. შედეგად, განვლილ წლებში საქართველოს ეკონომიკა განუხრელად იზრდებოდა. მიუხედავად იმისა, რომ 2009 წელს მოხდა მშპ-ის შემცირება (როგორც შედეგი გლობალური ფინანსური კრიზისისა), საქართველომ მოგვიანებით აჩვენა მყარი ეკონომიკური ზრდა, ყოველწლიურად 3-დან 6%-მდე მოცულობით (იხ. გრაფიკი 1.1).

ეკონომიკის ყველაზე მნიშვნელოვანი სექტორებია სოფლის მეურნეობა, ტურიზმი, წიაღის მოპოვება (მანგანუმი და ფოლადი) და გადამამუშავებელი მრეწველობა. 2008 წლის ომის შედეგად რუსეთის ფედერაციასთან დაძაბული ურთიერთობის გამო, საქართველო ახდენს ინვესტირებას ენერგო დამოუკიდებლობის გასაძლიერებლად, ახდენს რა კონცენტრირებას ჰიდროელექტროსადგურების მშენებლობებში. საქართველო აგრეთვე ცდილობს გამოიყენოს საკუთარი მნიშვნელოვანი გეოგრაფიული მდებარეობა, რათა გახდეს ლოჯისტიკური კვანძი გაზის და ნავთობსადენებისათვის.

თავი 1. საქართველოში მწვანე ინვესტიციებისათვის არსებული მაკროეკონომიკური გარემო | 21

გრაფიკი 1.1. მშპ-ის რეალური ზრდის ტემპები 2008-18 წწ. წლიურად (%)

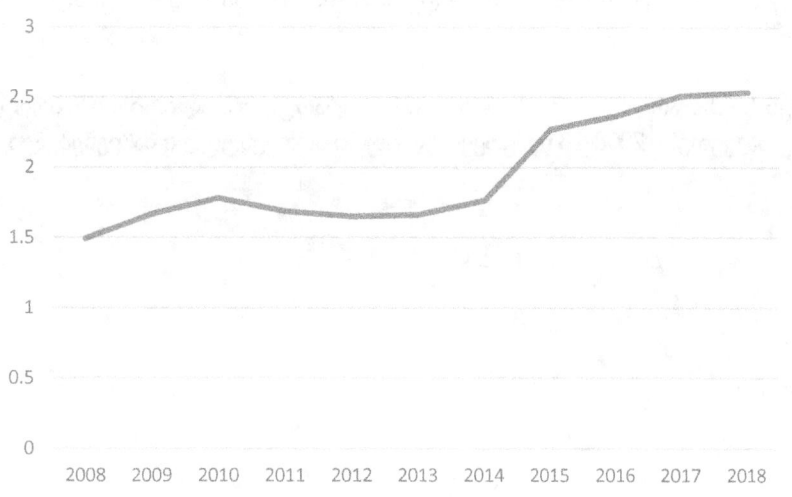

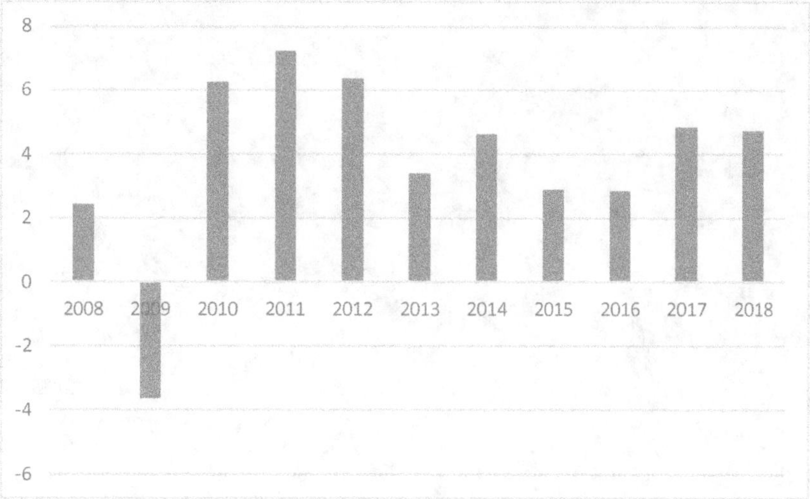

წყარო: (World Bank, 2019[3]).

ქართული ლარი (GEL) ნელ-ნელა უფასურდებოდა აშშ დოლართან მიმართებაში (USD). გაცვლითი კურსმა, რომელიც 2012-14 წლებში ჩამოყალიბდა, რამდენიმე ხნის წინ ისევ განაგრძო ვარდნა(იხ. გრაფიკი 1.2).

გრაფიკი 1.2. ლარი/აშშ დოლარი გაცვლითი კურსი, 2008-18

წყარო: (World Bank, 2019[3]).

საქართველოს ეკონომიკისათვის ასევე სარგებლის მომტანი იყო, რეგიონული თვალსაზრისით შედარებით დაბალი ბანკის საპროცენტო განაკვეთებით (იხ. გრაფიკი 1.3), რომელიც 2012-13 წლების პერიოდში დეფლაციით ხასიათდებოდა.

გრაფიკი 1.3. წლიური სამომხმარებლო ინფლიაცია საქართველოში, 2008-18 წწ., (%)

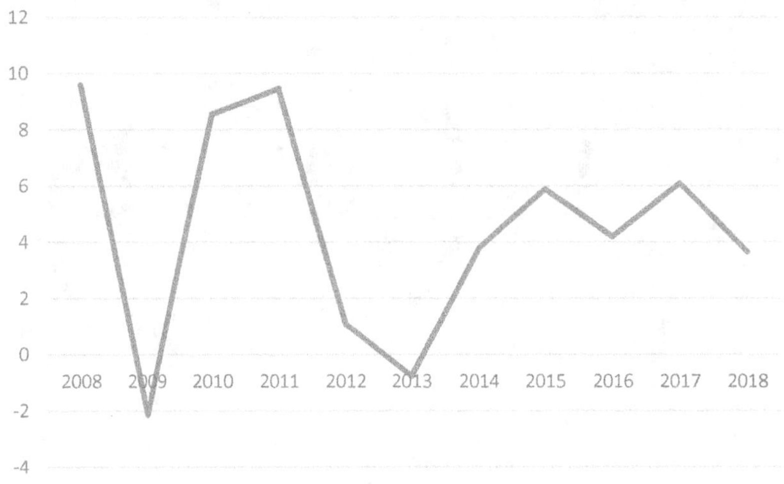

წყარო: (World Bank, 2019[3]).

ამავე პერიოდში, საპროცენტო განაკვეთები შედარებით დაბალი იყო რეგიონის სხვა ქვეყნებთან მიმართებით. ეროვნული ბანკის მიერ განსაზღვრული საბაზისო კურსი მერყეობდა 4-8%-ს შორის. ამან, თავის მხრივ, შეამცირა სესხების ფასი ეკონომიკის რეალურ სექტორში. მაღალ საპროცენტო განაკვეთებს, თავის მხრივ, შეუძლია შეასუსტოს მსესხებლების შესაძლებლობა ინვესტირება მოახდინონ ენერგო ეფექტიანობასა და განახლებად ენერგიებში (იხ. გრაფიკი 1.4)

გრაფიკი 1.4. საქართველოში ძირითადი მონეტარული პოლიტიკის საპროცენტო განაკვეთები 2008-18 წწ, ყოველწლიური პროცენტული მაჩვენებელი

წყარო: ევორნული ბანკი (NBG, 2019[4]).

1.3. საინვესტიციო გარემო

საინვესტიციო კლიმატი საქართველოში საგრძნობლად გაუმჯობესდა ბოლო წლების განმავლობაში. მნიშვნელოვანი ანტიკორუფციული ღონისძიებების გატარებამ აღკვეთა კორუფცია დაბალ დონეებზე. საქართველო მეექვსე ადგილს იკავებს 2018 წლის მსოფლიო ბანკის მიერ განხორციელებულ „ბიზნესის კეთების" კვლევაში, რაც რეგიონში ყველაზე მაღალი მაჩვენებელია. მთავრობა კონცენტრირებულია დაბალი დეფიციტის, ინფლაციის და მცურავი რეალური გაცვლითი კურსის შენარჩუნებაზე. მიუხედავად ამისა, ამ მიზნების მიღწევაზე გავლენას ახდენს რეგიონში განვითარებული მოვლენები და სხვა გარე ფაქტორები. სახელმწიფო ვალი და დეფიციტი კონტროლს ექვემდებარება.

2014 წლის საშუალოვადიანი ეკონომიკური სტრატეგია („საქართველო 2020") ხელს უწყობს ბიზნესისადმი მეგობრულ პოლიტიკას, ეკონომიკას დაბალი გადასახადებით და ინვესტირებას ადამიანურ კაპიტალში. სტრატეგიაში აქცენტები გაკეთებულია აგრეთვე სავაჭრო პოტენციალზე და ინფრასტრუქტურის განვითარებაზე.

2012 წელს საქართველოსა და აშშ-ს შორის დაწესდა მაღალი დონის დიალოგი ვაჭრობასა და ინვესტიციებზე, რათა გამოვლენილ იქნას ორმხრივი ვაჭრობისა და ინვესტიციების გაზრდის გზები. 2014 წლის ივნისში საქართველომ ხელი მოაწერა ასოცირების შეთანხმებას და ღრმა და ყოვლისმომცველი თავისუფალი ვაჭრობის ხელშეკრულებას ევროპის კავშირთან.

გრაფიკი 1.5. საქართველო რეიტინგებში: "ბიზნესის კეთების" ანგარიში 2008-18 წწ.

წყარო: (World Bank, 2018[5]).

ჯამური ინვესტიციები ძირითად კაპიტალში მნიშვნელოვნად შემცირდა 2008-09 წწ-ში. მიუხედავად ამისა, 2016-18 წლებში ეს მაჩვენებელი დაუბრუნდა ძველ დონეს და შეადგინა მშპ-ის 30% (იხ. გრაფიკი 1.6)

გრაფიკი 1.6. ძირითადი კაპიტალის მთლიანი ზრდა მშპ-თან მიმართებაში, 2008-18 წწ.

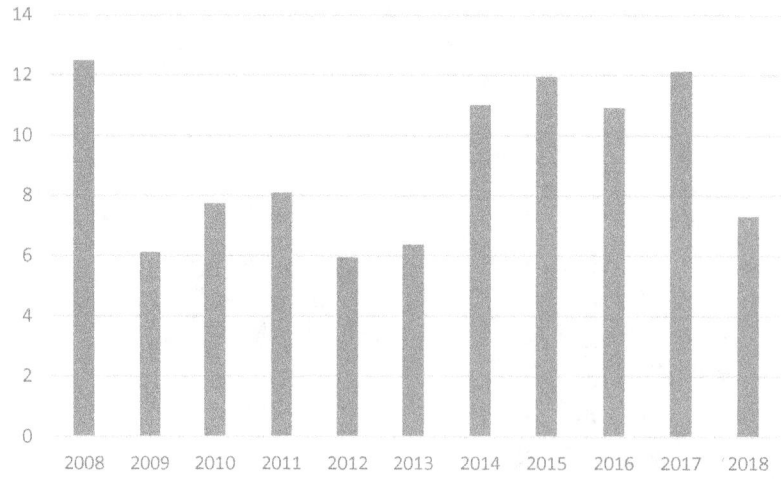

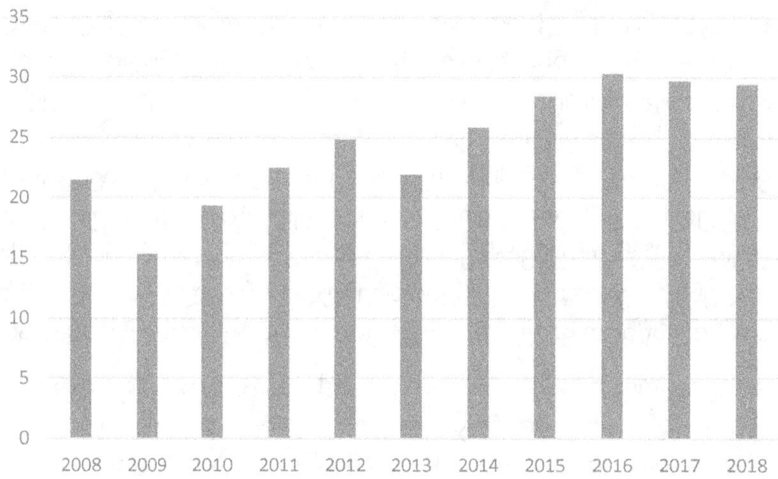

წყარო: (World Bank, 2019[3])

პირდაპირმა უცხოურმა ინვესტიციებმა ასევე მიაღწია ფინანსურ კრიზისამდე არსებულ დონეს მშპ-სთან მიმართებაში. თუმცა, ეს მაჩვენებელი მნიშვნელოვნად დაეცა 2018 წელს (იხ. გრაფიკი 1.7)

გრაფიკი 1.7. პირდაპირი საზღვარგარეთული ინვესტიციების შემოდინება წილობრივად მშპ-თან მიმართებაში, 2008-18 წწ.

წყარო: (World Bank, 2019[3]).

1.4. სამომავლო ხედვები

საქართველოს ეკონომიკამ ისევ მიაღწია მშპ-ის ზრდას და გაზრდილ სამომხმარებლო მოთხოვნას. მოსალოდნელია, რომ მშპ გაიზრდება 2019 წელს, ხოლო ინფლაცია იქნება სტაბილური. საქართველოს ექსპორტის ინტეგრირება

ევროკავშირის სავაჭრო ბაზრებში მოსალოდნელია, რომ გაზრდის საქართველოს საინვესტიციო მიმზიდველობას.

სამომავლოდ, საინვესტიციო კლიმატის გაუმჯობესება სავარაუდოდ აისახება გარემოსთან დაკავშირებული ინვესტიციების ზრდაზე, განსაკუთრებით ენერგეტიკულ სექტორში. რეფორმები უნდა შეეხოს საინვესტიციო პოლიტიკისა და ინვესტორების დაცვის მნიშვნელოვან გაძლიერებას, რათა მოზიდული იქნას პირდაპირი უცხოური ინვესტიციები მულტინაციონალური კომპანიებიდან და გაძლიერდეს სამოქალაქო-კერძო დიალოგი საქართველოში. იმისათვის, რომ მოხდეს კერძო სექტორის ინვესტირების წახალისება, საქართველომ უნდა მოახდინოს გარემოსდაცვითი და კლიმატის ცვლილებასთან დაკავშირებული მოთხოვნების წამოყენება კერძო სექტორში მოღვაწე კომპანიებისათვის, ევროკავშირისა და ეკონომიკური თანამშრომლობისა და განვითარების ორგანიზაციის (OECD) სტანდარტების შესაბამისად.

შენიშვნა

[1] ეს შეთანხმება იმას ნიშნავს, რომ ორივე მხარე ხსნის საკუთარ საქონლისა და მომსახურების ბაზრებს სამართლიანი სავაჭრო წესების საფუძველზე. ესაა ნაწილი უფრო ფართო ასოცირების შეთანხმების ნაწილი, პოლიტიკური და თანამშრომლობასთან დაკავშირებული კომპონენტები ძალაშია უკვე 2014 წლის ნოემბრიდან.

გამოყენებული ლიტერატურა

European Commission (2019), "Countries and Regions, Georgia", webpage (accessed 23 October 2019), https://ec.europa.eu/trade/policy/countries-and-regions/countries/georgia/. [2]

European Union (2014), "Association Agreement between the European Union and the European Atomic Energy Community and their Member States, of the One Part, and Georgia, of the Other Part", *Official Journal of the European Union L 261/7*, Vol. 57/30 August, https://eeas.europa.eu/sites/eeas/files/association_agreement.pdf. [1]

NBG (2019), *Financial Soundness Indicators*, National Bank of Georgia, webpage (accessed 23 October 2019), https://www.nbg.gov.ge/index.php?m=304. [4]

World Bank (2019), *World Development Indicators*, (database) (accessed 23 September 2019), http://data.worldbank.org/products/wdi. [3]

World Bank (2018), *Doing Business 2019: Reforming to Create Jobs*, World Bank Group, Washington, DC, https://www.doingbusiness.org/content/dam/doingBusiness/media/Annual-Reports/English/DB2018-Full-Report.pdf. [5]

თა ვ ი 2. მცირე და საშუალო სიდიდის საწარმოებთან დაკავშირებულკი პოლიტიკა საქართველოში

ამ თავში გაანალიზებულია მცირე და საშუალო სიდიდის საწარმოების (მსს) განვითარების მხარდაჭერის არსებული გარემო საქართველოში, არაფორმალური სექტორის მნიშვნელობა და მოიცავს მსს-თან დაკავშირებით არსებულ დეფინიციებს. განხილულია ჩამოყალიბების პროცესში მყოფი ის პოლიტიკური გარემო, რომელიც აუცილებელია ეკონომიკური განვითარებისათვის, მათ შორის - სოლიალურ-ეკონომიკური განვითარების სტრატეგიის „საქართველო 2020" და 2016-20 წლების ეროვნული მსს-ის განვითარების სტრატეგიის პრიორიტეტები. გაანალიზებულია მსს-ის საქმიანობის გაფართოებისთვის მთავრობის ქმედებები, კონკრეტულად, საქართველოს მეწარმეობის განვითარებისა და საქართველოს ინოვაციებისა და ტექნოლოგიების სააგენტოების შექმნა. და ბოლოს, წინამდებარე თავში ხდება იმ შესაძლებლობების იდენტიფიცირებას, რომლებიც დაკავშირებულია ენერგო ეფექტიანობის, განახლებადი ენერგიების და მსს-ის სექტორის განვითარებასთან.

2.1. მსს-ის განვითარებისათვის არსებული გარემო

საქართველოს ეკონომიკა, განსხვავებით რეგიონის სხვა ქვეყნებისგან, ჩვეულებრივ სტრუქტურირებული იყო მცირე და საშუალო სიდიდის საწარმოების (მსს) და მომსახურების ირგვლივ. შედეგად, ეკონომიკის პროფილი, ზოგიერთი პოსტ-საბჭოთა ქვეყნებისგან განსხვავებით, ისეთი როგორიცაა უკრაინა და ბელორუსი (სადაც მძიმე მრეწველობა აგრძელებს ოპერირებას) ან აზერბაიჯანი (სადაც მიმდინარეობს წიაღისეული საწვავის აქტიური მოპოვება), ეკონომიკის პროფილი ნახშირბადის ემისიების ნაკლები ინტენსიურობით ხასიათდება.

დაახლოებით 723 000 კომპანიაა დარეგისტრირებული საქართველოში, რომლის დაახლოებით 25% ამჟამად აქტიურია. საქართველოში ადრე არსებული დეფინიციით, კომპანიების საერთო რაოდენობიდან 85%-ზე მეტი მცირე საწარმოების კლასიფიკაციაში ხვდება, ხოლო 9% - საშუალო სიდიდის საწარმოებში. ვაჭრობისა და ტრანსპორტის სფერო ხასიათდება ყველაზე დიდი ბრუნვით, რომელიც 47% უტოლდება (USAID, 2017[1]).

2016 წელს, ევროკავშირის ახლად მიღებული დეფინიციის მიხედვით, მსს-ბი შეადგენს ქვეყნის ყველა ფირმების 99.7%-ს (OECD, 2019[2]). თუმცა, მათი უმეტესობა მიკრო და მცირე საწარმოები არიან (1-დან 19 დასაქმებულამდე). მსს-ბი უმნიშვნელოვანეს როლს ასრულებენ სამუშაო ადგილების შექმნაში. მსს-ბის ნახევარზე მეტი თბილისში მდებარეობენ, ხოლო დანარჩენი, ძირითადად იმერეთისა და აჭარის რეგიონშია გაფანტული.

არაფორმალური ეკონომიკის წილი ასევე მნიშვნელოვანია საქართველოში, რაც საერთაშორისო სავალუტო ფონდის ბოლო კვლევებით 2015 წლისათვის მშპ-ის 50%-ზე მეტს შეადგენდა, თუმცა ეს წილი თანდათან იკლებს (Medina, L. and F. Schneider, 2018[3]). უმეტესი წილი არაფორმალური ეკონომიკისა მოდის მცირე და საშუალო სიდიდის საწარმოთა სეგმენტში. დიდი მასშტაბებით არაფორმალური ეკონომიკის არსებობა, წარმოშობს რა როგორც ფისკალურ, ასევე მაკროეკონომიკურ გამოწვევებს, იგი აგრეთვე წარმოშობს საფრთხეებს გარემოსდაცვითი საკითხების ეფექტური რეგულირებისათვის. ამგვარად, ეკონომიკის ფორმალიზება პრიორიტეტია მსს-ს შორის გარემოსდაცვითი საკითხების გაუმჯობესების კუთხითაც.

მსს-ბი იბრძვიან საკუთარი საქმიანობის მასშტაბის გაზრდისთვის საქართველოში. შეინიშნება იმის ტენდენცია, რომ მსს-ბის უმეტესობა დაკავშირებულია შედარებით დაბალი დამატებული ღირებულების შემქმნელ სექტორთან (ვაჭრობა, უძრავი ქონება). შედარებით მცირე რაოდენობის მსს-ბს ვხვდებით მრეწველობის სფეროში. შედეგად, ამ სექტორში დასაქმებულთა ანაზღაურებაც შედარებით დაბალია.

2.2. მსს-ის დეფინიცია საქართველოში

არც თუ ის დიდი ხნის წინათ, საქართველოს საგასახადო კოდექსი (President of Georgia, 2010[4]) და საქართველოს საინვესტიციო სააგენტოს შესახებ კანონი (President of Georgia, 2002[5]) გამოიყენებოდა საქართელოში მსს-ის დეფინიციისათვის და ეს დეფინიციები განსხვავებული იყო. საქართველოს ეროვნული სტატისტიკის სამსახური სხვა მიდგომას იყენებდა ბიზნესის აღრიცხვისას. იმისათვის, რომ მომხდარიყო განსხვავებული დეფინიციების დარეგულირება, 2017 წლის მარტიდან, ეროვნული სტატისტიკის სამსახურმა დაამტკიცა ბიზნესის რეგისტრირების ახალი მეთოდოლოგია. ეს ახალი მეთოდოლოგია ძალაში შევიდა 2018 წლიდან. შედარებისთვის, მსს-ის ევროკავშირის დეფინიცია მოყვანილია ცხრილი 2.2.

ცხრილი 2.1. საქართველოში მსს-ის ახალი დეფინიცია

კატეგორია	დასაქმებულთა რაოდენობა	საშუალო წლიური ბრუნვა (ლარი)
მცირე	<50	<12 000 000
საშუალო	51-249	12-60 000 000
დიდი	>250	>60 000 000

წყარო: ინფორმაცია მიღებულია საქართველოს ეკონომიკისა და მდგრადი განვითარების სამინისტროდან.

ცხრილი 2.2. მსს-ის ევროკავშირის დეფინიცია

კატეგორია	დასაქმებულთა რაოდენობა	წლიური შემოსავალი (EUR)	მთლიანი აქტივები (EUR)
ინდმეწარმე / მ ი კ რ ო	0-10	<2 000 000	<2 000 000
მცირე	11-50	<10 000 000	<10 000 000
საშუალო	51-250	<50 000 000	<43 000 000
დიდი	>250	>50 000 000	>43 000 000

წყარო: (European Commission, 2015[6]).

მსს-ის კლასიფიკაციამ შესაძლოა გავლენა იქონიოს იმაზე, თუ საით წარიმართება მწვანე ფინანსები ქართული ეკონომიკის შიგნით (კერძოდ, საერთაშორისო ფინანსური ინსტიტუტების მიერ გამოყოფილი ფინანსები). მაგალითად, საქართველოს ბანკი იყენებს განსხვავებულ კრიტერიუმს. კომპანიებს, რომელთა წლიური ბრუნვა 1.5-დან 20 მილიონ ლარამდეა, ხოლო გაცემული კრედიტების მოცულობა მერყეობს 150 000-დან 2 მილიონ დოლარამდე, საქართველოს ბანკის კლასიფიკაციაში მინიჭებული აქვთ მცირე და საშუალო სიდიდის საწარმოს სტატუსი.

საქართველოს ეკონომიკის სტრუქტურის გათვალისწინებით, საქართველოში არსებული კლასიფიკაციის მიხედვით, ზევრი მსესხებლები, რომლებიც

ადგილობრივი ბანკების მიერ განიხილება კორპორატიულ კლიენტებად, ევროკავშირისა და სფი-ის დეფინიციის მიხედვით მსს-ს სტატუსი აქვთ. სფი საკრედიტო ხაზის გახსნისას იყენებს საერთაშორისო (ანუ ევროკაშირის) სტანდარტს. ამის შედეგად, ქართულ ბანკებს ურჩევნიათ სესხად გასცენ დიდი რაოდენობის თანხა კორპორატიული კლიენტების შედარებით მცირე რაოდენობაზე (მაგ. სესხები 1 მილიონი აშშ დოლარიდან და მეტი), ვიდრე, ქართული კონტექსტიდან გამომდინარე, გადაერთონ უფრო პატარა მასშტაბების მქონე მსს-ზე. იმას, რასაც ქართული ბანკები აკეთებენ, უმცირებს მათ ტრანზაქციის ღირებულებას და, შედეგად მწვანე ფინანსები სულ უფრო ნაკლებად ხელმისაწვდომი ხდება მიკრო და მცირე ბიზნესისთვის.

2.3. მსს-ის მიმართ არსებული პოლიტიკა

ზოგადად მიიჩნევა, რომ მსს-ის მიმართ არსებული პოლიტიკური მიდგომები დადებითია. 2018 წლის მონაცემებით, მსოფლიო ბანკის ბიზნესის კეთების რეიტინგში, საქართველო მე-6 ადგილს იკავებს, რაც საუკეთესო პოზიციაა გარდამავალი ეკონომიკების მქონე ქვეყნებს შორის. განვლილ წლებში, საქართველო ცდილობდა გაეუმჯობესებინა ბიზნეს გარემო ყველა ტიპის საწარმოებისათვის, მათ შორის მსს-თვის. გამარტივდა ადმინისტრაციული რეგულაციები, შემსუბუქდა საგადასახადო ტვირთი, გაძლიერდა კორუფციასთან ბრძოლა, მოხდა თავისუფალი ვაჭრობის მხარდაჭერა და პრივატიზაციის ხელშეწყობა. სხვა ღონისძიებებთან ერთად, საქართველოს მთავრობამ მიიღო რიგი რეგულაციები და დააფუძნა ორგანიზაციები კრედიტების, როგორც გაცემის, აგრეთვე - აღების გსაადვილებლად. ამ ღონიძიებების მიზანი იყო კრედიტებზე წვდომის გაუმჯობესება (მაგ. კრედიტებთან დაკავშირებული საინფორმაციო სისტემის და გირავნობის ცენტრალიზებული რეესტრი შექმნა, ცვლილებები სამოქალაქო კოდექსი, რაც საშუალებას იძლევა აქტივების ფართო სპექტრი გამოყენებული იქნას გირაოდ). ამ ხელშემწყობი იურიდიული საფუძვლის მიუხედავად, კრედიტებზე წვდომა საწარმოებისთვის შეზღუდულია, განსაკუთრებით - მსს-თვის, რაც აფერხებს ნორმალურ ბიზნეს ოპერაციებს და მწვანე ეკონომიკურ განვითარებაზე გადასვლას.

2016 წელს განხორციელებულ კვლევებში, ეთგო-მ შეიმუშავა მსს-ის პოლიტიკის ინდექსი, რომელიც გათვლილი იყო ევროკავშირის აღმოსავლეთ პარტნიორობის ქვეყნებზე (EaP), სადაც ევროპის მცირე ბიზნესის აქტის (მბა) შესრულებისათვის საჭირო 12 კრიტერიუმის გაანალიზება ხდება. საქართველომ დადებითი შეფასება მიიღო 7 კრიტერიუმის მიხედვით და საუკეთესო რეფორმატორ ქვეყანად დასახელდა აღმოსავლეთ პარტნიორობის ქვეყნებს შორის. დადებითად იქნა შეფასებული გადახდის უუნარობასთან დაკავშირებული ღონისძიებები, მარეგულირებელი ჩარჩოს შექმნა, მსს-ის და სტარტაპების სერვისების განვითარება, სტანდარტებისა და ტექნიკური რეგულაციების შექმნა და ინოვაციების მიმართულებით განხორციელებული ქმედებები. თუმცა, მოხდა რიგი გამოწვევების იდენტიფიცირებაც, მათ შორის

დასახელდა: ფინანსებზე წვდომა, შრომის ბაზარზე შესაბამისი უნარების სიმწირე და სამუშაო ადგილების შექმნის დაბალი მაჩვენებელი.

ქვეყნის სოციალურ-ეკონომიკური განვითარების სტრატეგია „საქართველო 2020“ (Government of Georgia, 2014[7]) საშუალოვადიანი პერიოდიდან გრძელვადიან პერიოდამდე გზამკვლევია, რომელიც განსაზღვრავს სტრატეგიას, პრიორიტეტებს და სამოქმედო გეგმას სექტორების მიხედვით. იგი სავსებით შეესაბამება მსს-ის სექტორის განვითარებას და ახდენს სამი მთავარი პრიორიტეტული სივრცის იდენტიფიცირებას:

- კერძო სექტორის კონკურენტუნარიანობა: საინვესტიციო და ბიზნეს გარემოს გაუმჯობესება, ინოვაციებისა და ტექნოლოგიების ხელშეწყობა, ექსპორტის ზრდის უზრუნველყოფა, ინფრასტრუქტურის განვითარება და ქვეყნის სატრანზიტო პოტენციალის სრულად გააზრება
- ადამიანური რესურსების განვითარება: ქვეყნის სამუშაო ძალის პოტენციალის შექმნა, იმგვარად, რომ იგი შეესაბამებოდეს სამუშაო ძალის ბაზრის მოთხოვნებს; სოციალური დაცულობის გამყარება; ქვეყნის ჯანდაცვის სისტემაზე წვდომისა და მისი ხარისხის ზრდა
- ფინანსებზე წვდომა: ინვესტიციების მობილიზება; ფინანსური საშუამავლო სისტემის სექმნა.

სამთავრობო პროგრამა „თავისუფლება, სწრაფი განვითარება და კეთილდღეობა“ მსს-ის მხარდაჭერას ეკონომიკურ განვითარებაში განსაკუთრებულ როლს ანიჭებს. თემატური მიმდინარეობების მიხედვით, გათვალისწინებულია ბიზნესისთვის სტარტაპების და ინოვაციების დაფინანსება.

2.4. ეროვნული მსს-ის განვითარების სტრატეგია

2016 წელს ეკონომიკისა და მდგრადი განვითარების სამინისტრომ (ემგს) შეიმუშავა და მიიღო ეროვნული მსს-ის განვითარების სტრატეგია, 2016-20 წლებისათვის (Government of Georgia, 2015[8]). სტრატეგია, რომელიც შემუშავდა გერმანიის საერთაშორისო თანამშრომლობის ორგანიზაციასთან (GIZ) და ეთგო-თან მჭიდრო თანამშრომლობით, საფუძველს ქმნის მსს-ის განვითარებისათვის. დასახულ მიზნებს შორისაა: მსს-ის მიერ წარმოების მოცულობის ზრდა 10%-ით, დასაქმებულთა ზრდა 15%-ით და გადამამუშავებელი მრეწველობის პროდუქციის 7%-ით ზრდა, სტრატეგიის მოქმედების პერიოდში.

ეროვნულ მსს-ის სტრატეგია 5 ძირითად სფეროზე ახდენს კონცენტრირებას:

- ფინანსებზე წვდომა
- ინსტიტუციონალური, იურიდიული და სამეწარმეო გარემოს გაუმჯობესება
- სს-ის უნარებისა და სამეწარმეო კულტურის განვითარება
- ექსპორტის მხარდაჭერა და მსს-ის ინტერნაციონალიზაცია

- ინოვაციებისა და კვლევების ხელშეწყობა.

თითოეულ თემატურ სფეროსთან დაკავშირებით, სამოქმედო გეგმა ადგენს მოკლევადიან ღონისძიებებს მათი განხორციელებისათვის. პირველი სამოქმედო გეგმა მომზადდა 2016-17 წლებისათვის. მსს-ის განვითარების ხელშეწყობა აგრეთვე შმადგენელი ნაწილია სხვა სტრატეგიებისა და პოლიტიკის დოკუმენტების:

- 2015-17 წლების საქართველოს რეგიონული განვითარების პროგრამა ძირითად რეგიონალურ პრიორიტეტად ასახელებს მსს-ის ხელშეწყობას და სამუშაო ადგილების შექმნას, რომელიც დაკავშირებულია კონკრეტულ სექტორებთან (მაგ. თურიზმი, სოფლის მეურნეობა).
- საქართველოში სოფლის მეურნეობის განვითარების სტრატეგია (2015-20) გულისხმობს მსს-ის ხელეწყობას სოფლის მეურნეობის სექტორში.
- 2013-20 წლების პროფესიული განსთლების რეფორმის სტრატეგიაში აღიარებულია მსს-ის სექტორისათვის პოტენციალის ზრდის და უნარების თანამედროვე მოთხოვნების შესაბამისობაში განვითარების საჭიროება.
- ღრმა და ყოვლისმომცველი თავისუფალი ვაჭრობის სივრცის (DCFTA) განხორციელების 2014-17 წლების სამოქმედო გეგმა მნიშვნელოვან როლს ანიჭებს მსს-ბს, მათ შორის, ფინანსებზე წვდომას და ექსპორტის ხელშეწყობას.
- 2017-20 წლების სოფლის განვითარების სტრატეგია და სამოქმედო გეგმა, რომელიც საქართველოს მთავრობამ 2017 წელს დაამტკიცა, აგრეთვე გულისხმობს მსს-ის განვითარებას.

2.5. ინსტიტუციონალური მხარდაჭერა

მსს-ის განვითარების მხარდასაჭერად, ინოვაციების წასახალისებლად და სამეწარმეო აქტივობების გასაზრდელად ემგს-მ საფუძნა ორი სააგენტო. ესენია საქართველოს მეწარმეობის განვითარების სააგენტო (Enterprise Georgia, 2019[9]) და საქართველოს ინოვაციებისა და ტექნოლოგიების სააგენტო (GITA, n.d.[10]).

- საქართველოს მეწარმეობის განვითარების სააგენტო (ან იგივე აწარმოე საქართველოში) მსს-ის სექტორის განვითარების მხარდამჭერი პროგრამებისა და პოლიტიკის ძირითადი კოორდინატორია. მისი მიზანია სტარტაპების მხარდაჭერა, კონკურენტუნარიანობის გაუმჯობესება, უნარების გამომუშავება და ქვეყნის დახმარება იმ მიმართულებით, რომ მოახდეს ეკონომიკის საფუძვლების იმგვარი დივერსიფიცირება, რაც ხელს შეუწყობს ექსპორტზე ორიენტირებული ეკონომიკის წახალისებას. ამისათვის, იგი ეხმარება ძირითადი სამთავრობო მხარდაჭერით მიმდინარე პროგრამების კოორდინირებას, ხელს უწყობს ფინანსებზე გაუმჯობესებულ წვდომას და სთავაზობს

კონსულტაციებს და ბიზნესთან დაკავშირებულ ანალიტიკურ სერვისებს. აწარმოე საქართველოს სამი მთავარი მიმართულება აქვს:

- ბიზნესის მიმართულება მეწარმეების დახმარებით ხელს უწყობს სამეწარმეო აქტივობებს საქართველოში. იგი სთავაზობს დახმარებას ახალი საწარმოების შექმნაში, აგრეთვე, არსებულის გაფართოებაში და გადაიარაღება-განახლებაში.
- ექსპორტის მიმართულება ზრუნავს ქვეყნის საექსპორტო პოტენციალის განვითარებაზე, ადგილობრივი პროდუქციის და მთლიანად იმ საქონლის კონკურენტუნარიანობის ამაღლებაზე, რომელიც გამიზნულია საერთაშორისო ბაზრებზე მოსახვედრად.
- საინვესტიციო მიმართულება დაკავებულია საქართველოში პირდაპირი უცხოური ინვესტიციების მოზიდვით, წახალისებით და მოცულობის გაზრდით. როგორც მოდერატორი უცხოელ ინვესტორსა და მთავრობას შორის, იგი უზრუნველყოფს უახლეს ინფორმაციაზე წვდომას, სამთავრობო უწყებებთან კომუნიკაციის ეფექტურ საშუალებებს, სერვისებს უნივერსალური მომსახურების პუნქტებით და ინვესტორების მხარდაჭერას მთლიანი საინვესტიციო პროცესის განმავლობაში.

- საქართველოს ინოვაციებისა და ტექნოლოგიების სააგენტო (სიტს) კოორდინირებას უწევს და ინოვაციებისა და ტექნოლოგიების განვითარების მედიატორია საქართველოში. მისი მიზანია იურიდიული ჩარჩოს უზრუნველყოფა ინოვაციებისთვის, ცოდნის განვითარების მხარდაჭერა და ინოვაციების კომერციალიზაცია, საგრანტო პროგრამებით ფინანსებზე წვდომაში დახმარება და ინფრასტრუქტურის ჩამოყალიბება ინოვაციებისათვის. იგი აგრეთვე ეხმარება ახალი ტექნოლოგიებისათვის ფიზიკური ინფრასტრუქტურის შექმნაში (მაგ. ტექნო პარკები, სტარტაპების ინოვაციური ლაბორატორიები, i-ლაბები ინოვაციური ცენტრები თავად უნივერსიტეტებში) და სტიმულირებას უკეთებს დიალოგს აკადემიურ და ბიზნეს წრეებს შორის. დამატებით ამასთან, იგი ხელს უწყობს ცნობიერების ზრდას საზოგადოებაში ინოვაციების როლთან დაკავშირებით.

პროფესიულ ასოციაციებთან დაკავშირებით, შეიძლება ითქვას, რომ ეს სეგმენტი წარმოდგენილია მთელი რიგი ორგანიზაციებით. მათ შორისაა, საქართველოს სავაჭრო-სამრეწველო პალატა, საქართველოს დამსაქმებელთა ასოციაცია და საქართველოს მცირე და საშუალო ბიზნესის ასოციაცია.

მრავალ დონორ ორგანიზაციას და სფი-ებს აგრეთვე აქვთ მსს-ის განვითარების დამხმარე პროგრამები. ესენია: მსოფლიო ბანკი, ევროპის რეკონსტრუქციისა და განვითარების ბანკი (ერგბ), ევროპის საინვესტიციო ბანკი (ესბ), გერმანიის საერთაშორისო თანამშრომლობის ორგანიზაცია (GIZ), გერმანიის მთავრობის განვითარების ბანკი (KfW), აზიის განვითარების ბანკი (აგბ), საერთაშორისო

განვითარებისა და ათასწლეულის გამოწვევის აშშ-ის სააგენტო (USAID) და ათასწლეულის გამოწვევის პროექტი (აგპ).

2.6. მსს-ის მხარდამჭერი პროგრამები და ღონისძიებები

განვლილ წლებში სამი უმნიშვნელოვანესი ეროვნული პროგრამა გამოქვეყნდა მსს-ის განვითარების მხარდასაჭერად საქართველოში. მათ გააერთიანეს პროექტების დიდი რაოდენობა, რომელთა წლიური ბიუჯეტი ერთობლივად დაახლოებით 100 მილონ აშშ დოლარს უტოლდებოდა.

- პროგრამა „აწარმოე საქართველოში" ემგს-ს მიერ იქნა შემუშავებული და იმართებოდა მეწარმეობის განვითარების სააგენტოს მიერ. პროგრამა, რომელიც 2014 წელს დაფუძნდა, საქართველოს მრეწველობის კონკურენტუნარიანობის მხარდაჭერაზე იყო ორიენტირებული და მსს-ში სამეწარმეო უნარების და საექსპორტო პოტენციალის გამომუშავებაზე იყო მიმართული. 2019 წლის ივნისისათვის არსებული მონაცემებით, „აწარმოე საქართველოში" 503 ბიზნეს სუბიექტს დაეხმარა, საერთო ჯამში 1.18 მილიარდი ლარის (დაახლოებით 400 მილიონი აშშ დოლარი) ოდენობის ინვესტიციით და შექმნა 17 740 სამუშაო ადგილზე მეტი. ამ თანხის უმეტესი ნაწილის ინვესტირება განხორციელდა სოფლის მეურნეობასა და ტურიზმში/სასტუმროებში (Enterprise Georgia, 2019[11]).
- საქართველოს ინოვაციებისა და ტექნოლოგიების სააგენტო მართავს ინოვაციებთან დაკავშირებული საგრანტო პროგრამების განხორციელებას. მინი და მიკრო გრანტები ეხმარება ქართულ კომპანიებს და მსს-ს მოახდინონ ბიზნეს იდეებისა და ტექნოლოგიების კომერციალიზაცია. (GITA, n.d.[10]). მსოფლიო ბანკის მიერ გაცემული სესხის - საქართველოს ეროვნული ინოვაციური ეკოსისტემა - ფარგლებში, სიტს-მ დაიწყო სტარტაპების საგრანტო პროგრამა. პროგრამის მიზანია გლობალური მნიშვნელობის სტარტაპების მხარდაჭერა, მათ შორის, მწვანე ტექნოლოგიებისა და სოფლის მეურნეობის სფეროში, და მათი ფინანსებზე და მსოფლიოს ბაზრებზე წვდომის გაუმჯობესება.
- გარემოს დაცვისა და სოფლის მეურნეობის სამინისტრო სოფლის მეურნეობის პროექტების მართვის სააგენტოს (სმპმს) მეშვეობით, 10-ზე მეტ პროექტს ახორციელებს სოფლის მეურნეობის სფეროში მსს-ის განვითარების მხარდასაჭერად (APMA, 2019[12]).

2017 წელს ემგს განიხილავდა ამ პროექტების გაერთიანების შესაძლებლობას ერთ სახელწოდებისა და მმართველობის სტრუქტურაში - „აწარმოე საქართველოში სწრაფი განვითარებისათვის".

2.7. განსახორციელებელი ღონისძიებები

მთელი რიგი ღონისძიებები იგეგმება, როგორც მსს-ის ჩარჩო ეროვნული სტრატეგიის შემადგენელი ნაწილი:

- ჩაჩო-პროექტი „ინოვაციური საქართველო 2020“ მომზადდა და მოსალოდნელია, რომ იგი მიიღებს მსოფლიო ბანკის ინოვაციების განვითარების პროექტის მხარდაჭერას.
- მოსალოდნელია, რომ ცვლილებები მსს-ის ქართულ დეფინიციაში შესაბამისობაში მოვა ევროკავშირის სტანდარტებთან. ამის შედეგი იქნებოდა ის, რომ ეკონომიკის მნიშვნელაოვნად უფრო დიდი ნაწილი მიიღებდა მსს-ის კლასიფიკაციას, ვიდრე ეს იყო არსებული ქართული სტანდარტების შემთხვევაში.

2.8. ფინანსებზე წვდომის ბარიერები

საქართველოს მთავრობამ მნიშვნელოვან წარმატებას მიაღწია სიცოცხლისუნარიანი მსს-ის სექტორის შექმნის თვალსაწრისით. მიღწევებს შორისაა ბარიერების მოხსნა საქმიანობის წამოწყებისას, ბიზნესის რეგისტრირების გამარტივება, გადასახადების შემცირება და გონივრული მარეგულირებელი გარემოს შექმნა.

თუმცა, ფინანსებზე წვდომა მსს-ის განვითარების ძირითად ბარიერად რჩება. ნაკლებად სავარაუდოა, რომ მსს-ს შორის უფრო პატარებს წვდომა ჰქონდეთ საერთაშორისო ფინანსებზე. ისინი აწყდებიან უფრო მაღალ ღირებულებას, ვიდრე ესაა დიდი საწარმოების ან მსგავსი სიდიდის კომპანიების შემთხვევაში ევროპის ქვეყნებში. ქვემოთ მოვიყვანთ რამდენიმე ძირითად ბარიერს:

- კომერციული ბანკები საქართველოში მსს-ის დაფინანსების მთავარი წყაროა. ზოგადად, ბანკები მსს-ის სექტორს განიხილავენ, როგორც შედარებით მაღალი რისკის მატარებელს. შედარებით პატარა მსს-ზს არ გააჩნიათ კრედიტისათვის საჭირო უზრუნველყოფა და ასაკრედიტო ისტორია საბანკო სექტორთან საკონტაქტოდ. ამასთან, ისინი შესაძლოა უკვე დატვირთულნი იყვნენ სესხებთ და ამგვარად არ გააჩნიათ შესაძლებლობა გააფართოვონ კრედიტის მოცულობა. ქართული ბანკები და განსაკუთრებით საერთაშორისო წილობრივი მონაწილეობით მოქმედი ბანკები ძალზედ მგრძნობიარენი არიან უიმედო სესხების მიმართ, ზრუნავენ მყარი საბალანსო ანგარიშებზე და კაპიტალის ადექვატურობის კოეფიციენტზე.
- სესხის უზრუნველყოფასთან დაკავშირებული მოთხოვნები მნიშვნელოვან ბარიერს წარმოადგენენ. ბანკები ზოგჯერ უზრუნველყოფის სახით კრედიტის საერთო მოცულობის 130%-ს ითხოვენ (ჩვეულებრივ, უძრავი ქონების ან მიწის სახით). მრავალი მსს-თვის ეს საკმაოდ დიდ გამოწვევას წარმოადგენს, რადგან მათი ფიქსირებული აქტივები ზევრად მცირეა ან ის, რაც მათ შეუძლიათ შესთავაზონ, არამატერიალური აქტივია.
- მაღალი საპროცენტო განაკვეთი, განსაკუთრებით ადგილობრივ ვალუტაში აღებულ სესხებზე, აგრეთვე წარმოქმნის ფინანსებზე წვდომის ბარიერებს მრავალი მსს-თვის საქართველოში. განაკვეთები სესხებზე

ჩვეულებრივ მაღალია (დაახლოებით 23% ინდმეწარმეებისთვის და 16% იურიდიული პირებისთვის), რაც რისკების მაღალი აღქმადობის მჩვენებელია. მიკროსაფინანსო ორგანიზაციების მიერ შეთავაზებული საპროცენტო განაკვეთები მნიშვნელოვნად მაღალია. ყოველივე ამის შედეგად მსს-ზი ფინანსების მნიშვნელოვან უკმარისობას განიცდიან.

- ხილმისაწვდომი დაფინანსების ხანგრძლივობა (ან ვადა) აგეთვე წნეხად აწვება ბიზნესს. ხშირად სესხის დაფარვის ვადა მოკლეა. ის ვერ ასახავს იმ ვადას, როდესაც მსესხებელი პოტენციურად უნდა ელოდოს უკუგებას განხორციელებულ ინვესტიციაზე (მაგალითად, განახლებადი ენერგიების ან ენერგო ეფექტურობის პროექტებში).
- სესხების დოლარიზაციის საკითხიც საპროცენტო განაკვეთების თემასთანაა დაკავშირებული. ბოლო 5 წლის განმავლობში, ბევრმა მსს-მ გადაწყვიტა სესხი აეღო უცხოურ ვალუტაში, მასზე დაბალი განაკვეთის გამო. თუმცა, ამ შემთხვევაში მსს-ზი არ არიან დაზღვეულნი ადგილობრივი ვალუტის კურსის ცვლილებისგან და გაცვლითი კურსის გავლენებისგან. ადგილობრივი ვალუტის გაცვლითი კურსის ვარდნამ (როგორც ეს საქართველოს შემთხვევაში მოხდა ბოლო წლების განმავლობაში) გამოიწვია სესხის ღირებულების საბოლოო გაძვირება.
- ბანკები აგრეთვე აწყდებიან მსს-სშორის დაბალ ფინანსურ შესაძლებლობებს და ცოდნას, რაც ერთ-ერთი მნიშვნელოვანი დაბრკოლებაა ფინანსებზე წვდომისა და სესხების კალკულაციისათვის. სუსტი საკრედიტო ისტორია და ბიზნეს გეგმები ხელს უშლის სესხის აღებას. თუმცა, უნდა აღინიშნოს, რომ ეს მდგომარეობა ბოლო წლების განმავლობაში გამოსწორდა, მას შემდეგ, რაც ქართული ეკონომიკა უფრო ლიბერალური და ბევრად ჩამოყალიბებული გახდა.
- საქართველოში ბანკები ისწრაფვიან უფრო ცენტრალიზებული საკრედიტო სისტემისაკენ, რაც გარკვეულ გამოწვევას წარმოადგენს მსს-თვის, რათა მათ რეგიონებში მიიღონ სესხები. კრედიტ-ოფიცრები რეგიონებში არ არიან იმგვარად დატრენინგებულნი, რომ შეაფასონ მსს-თან დაკავშირებული რისკები და არ არიან უფლებამოსილნი მიიღონ სესხის გაცემის გადაწყვეტილება.
- შეზღუდულია ალტერნატიული, არასაბანკო სესხების და სააქციო ფინანსირების მექანიზმების შესაძლებლობები. სააქციო დაფინანსება, ისეთი როგორიცაა ლიზინგი და ფაქტორინგი, არასათანადოდაა გამოყენებული. ვენჩერულ კაპიტალთან დაკავშირებული გარემო ჩანასახოვან ფორმაში არსებობს. ცოტა ხნის წინ მიღებული კანონი საინვესტიციო ფონდების შესახებ (President of Georgia, 2013[13]). განსაზღვრავს ვენჩერული კაპიტალის და კერძო სააქციო ფონდების მნიშვნელობას. მიუხედავად ამისა, ვენჩერული კაპიტალის აქტივობები და ბიზნეს-ანგელოზების ცნების შესახებ ცოდნა დაბალ დონეზე რჩება.

მსს-ის სექტორის დაკრედიტება საქრთველოში, ვერ ვიტყვით, რომ მნიშვნელოვნად შეუსაბამოა სხვა ქვეყნებში არსებულ მდგომარეობასთან. მსოფლიო ბანკის/ერგბ-ის კვლევამ ბიზნეს გარემოსა და საწარმოების მახასიათებლებთან დაკავშირებით საქართველოში, გამოავლინა სიმდიდრის დაბალი დონე და მაღალი კორპორატიული დავალიანება, რაც მსს-ზე სესხების გაცემისათვის უფრო მეტად შემზღუდველი ფაქტორია, ვიდრე - საბანკო კრედიტების პოლიტიკა (GET Georgia, 2018[14]). ბოლო 2 წლის განმავლობაში მსს-ის კრედიტების წილი გაიზარდა საქართველოში.

2.9. ფინანსური სტრუქტურები

მთავრობა ცდილობს ფინანსებზე წვდომის არსებულ ბარიერებს დაუპირისპირდეს. ჩვენ მოვიყვანეთ ის მიზნობრივი პროგრამები, რომელთა მეშვეობითაც უნდა მოხდეს მსს-თვის ფინანსებზე წვდომის ხელშეწყობა. ეს პროგრამები ითვალისწინებს მთელ რიგ ინსტრუმენტებს. ზოგიერთი მათგანი იძლეოდა გრანტებს, ზოგი ახდენდა ბენეფიციარი მსს-თვის საპროცენტო განაკვეთის სუბსიდირებას. თუმცა, ეს პროგრამები არ ეხებოდა კრედიტის უზრუნველყოფას, რაც ზოგი უფრო მომცრო მსს-თვის ისევ რჩებოდა გამოწვევად.

ამ გამოწვევაზე საპასუხოდ, მთავრობამ ცოტა ხნის წინ წარმოადგინა ახალი საკრედიტო-საგარანტიო მექანიზიზმი, რომელის მიზანია გადაწყვიტოს ბაზარზე არსებული პრობლემა, მოახდინოს რისკების დივერსიფიცირება და ხელი შეუწყოს კრედიტების რაოდენობის ზრდას. აღნიშნული სქემის ბიუჯეტი საწყის ეტაპზე 20 მილიონი ლარია (სააახლოებით 7 მილიონი აშშ დოლარი), რომელიც გაიზრდება მომავალში. ესაა საპილოტე ფაზა, საიდანაც მთავრობა გააკეთებს დასკვნებს და მომავალში ბაზარზე უფრო მორგებულს გახდის. მექანიზმი არასაკმარისი გარანტიების მქონე მსს-ს მისცემს ფინანსებზე წვდომის შესაძლებლობას, იქ, სადაც საბანკო კრედიტი მოითხოვს უზრუნველყოფას ან - სადაც ოპერირების სფერო ან ბაზარი მაღალი რისკის მატარებლდ ითვლება.

სხვა მხარდამჭერი ღონისძიებების მაგალითები მოყვანილი ქვემოთ:

- „აწარმოე საქართველოში“ მეშვეობით, თუ კომპანია ღებს სესხს ბანკიდან, მთავრობას შეუძლია დააფინანსოს საპროცენტო გადასახადის ნაწილი. სესხის მოცულობა უნდა იყოს 150 00-დან 2 000 000 მილიონ აშშ დოლარამდე სამრეწველო პროექტებისათვის და 600 000-დან 2 000 000 მილიონ დოლარამდე სასოფლო-სამეურნეო პროექტებისათვის. საპროცენტო განაკვეთები მერყეობს 11-დან 13%-მდე და მთავრობა აფინანსებს 10%-ის ოდენობით (მხოლოდ პირველი 24 თვის განმავლობაში). ამასთან, უნდა სრულდებოდეს ერთი პირობა - სესხის 80%-ით უნდა ხდებოდეს ძირითადი კაპიტალის შეძენა.

- სოფლის მეურნეობის სამინისრო და 11 უმთავრესი ბანკი 2013 წლიდან ახდენენ აგრო-საკრედიტო პროგრამის სუბსიდირებას. სსპმს ახდენს სესხზე საპროცენტო გადასახადის ნაწილის სუბსიდირებას. განაკვეთები

სუბსიდირდება 11%-ით ძირითად კაპიტალიში ინვესტირებისას (12 000 - 600 000 აშშ დოლარი) და 8%-ით - საბრუნავი საშუალებების შემთხვევაში (2 000 – 100 000 ლარი ან 740 – 37 000 აშშ დოლარი). სამინისტრო აგრეთვე იძლევა გრანტებს აგრო-პტოდუქციის გადამუშავებისათვის, თუ ინვესტირება კეთდება ძირითად კაპიტალში ან ტრეინინგებისათვის 500 000 ლარამდე (186 000 აშშ დოლარი) და მთლიანი პროექტის ღირებულების 40%-მდე ოდენობით.

- „უმასპინძლე საქართველოში" პროგრამის ფარგლებში, მთავრობა უზრუნველყოფს ლარში დენომინირებული სესხების საპროცენტო განაკვეთის 10%-ს და აშშ დოლარში/ევროში აღებული სესხების - 8%-ს. საპროცენტო განაკვეთების თანადაფინანსების ხანგრძლივობაა 2 წელი. ლარში განსაზღვრული მინიმალური რაოდენობა შეადგენს 500 000 ლარს (186 000 აშშ დოლარი). მთავრობა აგრეთვე იძლევა სესხის უზრუნველყოფის გარანტიას მთლიანი სესხის 50%-ზე, პირველი 4 წლის განმავლობაში. ამასთან დამატებით, იგი აფინანსებს ფრანჩიზა/მენეჯმეტის ხელშეკრულების გადასახადს, ყოველწლიურად 300 000 ლარის ოდენობითი (112 000 აშშ დოლარი), პირველი ორი წლის.
- სიტს-ოს მინი გრანტების პროგრამის ფარგლებში, მსს-ს აქვთ წვდომა გრანტებზე 100 000 ლარამდე ოდენობით (დაახლოებით 35 000 აშშ დოლარი) საკუთარი საქმიანობის კომერციალიზაციის მხარდასაჭერად და მიკრო გრანტების პროგრამის ფარგლებში - 5 000 ლარამდე (დაახლოებით 1 900 აშშ დოლარი).
- მსოფლიო ბანკის პროექტი იძლევა ე.წ. საქმიან გრანტებს 30 000-დან 250 000 აშშ დოლარამდე, რომლის დროსაც მოთხოვნილია ინოვაციებისათვის თანადაფინანსების გარკვეული დონე.

2.10. ბაზარზე არსებული ხარვეზები მსს-ის მწვანე ინვესტიციების განსახორციელებლად

ძირითადი გამოწვევა, რაც მწვანე მსს-ისთვის არსებობს, ესაა ბაზარზე არსებული მდგომარეობა, რაც დაკავშირებულია ფინანსური ინსტიტუტების მხრიდან მიკრო და მცირე სიდიდის საწარმოებისათვის მწვანე კრედიტების შეთავაზებასთან. ზევრი არსებული ბანკი, რომელიც მწვანე საკრედიტო ხაზს ხსნის, უფრო მეტად ახდენენ დიდი კლიენტების მომსახურებას და კრედიტების სიდიდეც ხშირად აღემატება იმ სიდიდეს (მაგ. >ევრო 100 000), რაც მსს-ს შეიძლება სავარაუდოდ დასჭირდთ ტიპიური ენერგო- და რესურსეფექტური ინვესტიციების განსახორციელებლად (10 000-დან 30 000 ევრომდე, მაგრამ უფრო ხშირად ეს მაჩვენებელი ქვედა ციფრს უტოლდება. იხ. დანართი B, როგორც მაგალითები მცირე ბიზნესის მიერ განხორცილებული ტიპიური რესურსეფექტური ინვესტიციებისა). მეორეს მხრივ, ბაზარზე არიან მიკრო-საფინანსო ორგანიზაციები, რომლებიც ემსახურებიან პატარა სიდიდის საწარმოებს, მაგრამ მნიშვნელოვნად უფრო მაღალი საპროცენტო განაკვეთით. მწვანე ფინანსების ბაზარზე არსებული ეს ხარვეზი მნიშვნელოვანი

შემაფერხებელი ფაქტორია იმისათვის, რომ პატარა ფირმებმა გაზარდონ ენერგო- და რესურსეფექტური ინვესტიციები. სხვა სიტყვებით, ამგვარი ინვესტიციები ძალზედ „დიდია" მიკროსაფინანსო ინსტიტუტებისთვის და ძალზედ „პატარაა" ტრადიციული საბანკო ლიდერებისთვის. ბაზრის ეს ხარვეზი საჭიროებს სპეციალურ ყურადღებას სამთავრობო პოლიტიკების მხრიდან.

გამოყენებული ლიტერატურა

APMA, N. (2019), "Agricultural and Rural Development Agency", webpage (accessed 23 September 2019), http://apma.ge/. [12]

Enterprise Georgia (2019), "Results of the Micro and Small Business Support Component", webpage (accessed 23 September 2019), http://www.enterprisegeorgia.gov.ge/en/News/results-of-the-micro-and-small-8. [9]

Enterprise Georgia (2019), "Results of the State Program 'Produce in Georgia'", webpage (accessed 23 September 2019), http://www.enterprisegeorgia.gov.ge/en/News/results-of-the-state-program-p. [11]

European Commission (2015), *User Guide to the SME Definition*, European Commission, Brussels, http://ec.europa.eu/growth/content/revised-user-guide-sme-definition-0_en. [6]

Georgia, G. (2016), *Freedom, Rapid Development, Prosperty, Government Platform 2016-2020*, Government of Georgia, Tbilisi, http://gov.ge/files/41_61087_816118_GoG_Platform_LKF_19_05_2017.pdf. [16]

GET Georgia (2018), "Banking sector monitoring Georgia 2018", *Policy Study Series*, No. PS/01, German Economic Team Georgia/Berlin Economics, Tibilisi/Berlin, https://www.get-georgia.de/wp-content/uploads/2018/03/PS_01_2018_en.pdf. [14]

GITA (n.d.), "Georgia's Innovation and Technology Agency", webpage (accessed 23 September 2019), https://gita.gov.ge/eng. [10]

Government of Georgia (2015), *SME Development Strategy of Georgia, 2016-2020*, Government of Georgia, Tbilisi, http://www.economy.ge/uploads/files/2017/ek__politika/eng_sme_development_strategy.pdf. [8]

Government of Georgia (2014), *Social-economic Development Strategy of Georgia: Georgia 2020*, Government of Georgia, Tbilisi, https://policy.asiapacificenergy.org/sites/default/files/Georgia%202020_ENG.pdf. [7]

Medina, L. and F. Schneider (2018), "Shadow economies around the world: What did we learn over the last 20 years?", *Working Paper*, No. 18/17, International Monetary Fund, Washington, DC, https://www.imf.org/en/Publications/WP/Issues/2018/01/25/Shadow-Economies-Around-the-World-What-Did-We-Learn-Over-the-Last-20-Years-45583. [3]

NAMA (2017), *Georgia – NAMA*, Nationally Appropriate Mitigation Actions, Georgia (database) (accessed 23 October 2019), http://www.nama-database.org/index.php/Georgia. [15]

OECD (2019), *Financing SMEs and Entrepreneurs 2019: An OECD Scoreboard*, OECD Publishing, Paris, https://dx.doi.org/10.1787/fin_sme_ent-2019-en. [2]

President of Georgia (2013), *Law of Georgia on Collective Investment Undertakings, 24 July 2013, No 843-ES*, President of Georgia, Tbilisi, https://matsne.gov.ge/en/document/download/1981090/4/en/pdf. [13]

President of Georgia (2010), *Law of Georgia on Tax Code of Georgia, 17 September 2010 , No 3 591-IIS,*, President of Georgia, Tbilisi, https://matsne.gov.ge/en/document/download/1043717/93/en/pdf. [4]

President of Georgia (2002), *Law of Georgia on the Georgian National Investment Agency No 519 of 19 June 2002, last amended on 4 March 2015*, President of Georgia, Tbilisi, https://matsne.gov.ge/en/document/download/2763422/0/en/pdf. [5]

USAID (2017), *Innovation and Technology in Georgia*, United States Agency for International Development, Washington, DC. [1]

თა ვ ი 3. ენერგეტიკული, გარემოს დაცვითი და კლიმატთან დაკავშირებული პოლიტიკები საქართველოში

წინამდებარე თავში ეხება მდგრადი ენერგიებისა და კლიმატის პოლიტიკები საქართველოში და მცირე და საშუალო სიდიდის საწარმოების მიერ მწვანე ინვესტიციების განხორციელების შესაძლებლობები. ამ თავში განხილულია ძირითადი სტრატეგიული დოკუმენტების, ისეთი, როგორიცაა დაბალ ემისიანი განვითარების სტრატეგია და ემშქ. აქვეა განხილული დასრულების სტადიაში მყოფი ეროვნული ენერგო ეფექტურობის სამოქმედო გეგმა ეროვნული განახლებადი ენერგიების სამოქმედო გეგმა. თავში განხილულია ბოლოდროინდელი მოვლენები ამ მიმართულებით და სრულდება დისკუსიით იმ პოტენციური სივრცეების შესახებ, სადაც საჭიროა პოზიციების შემდგომი გაძლიერება. აღნიშნულ თემებთანაა დაკავშირებული განახლებადი ენერგიების მიზნები, გარემოს დაცვითი რეგულაციები და სავალდებულოდ შესასრულებელი ქმედებები, ენერგიაზე ფასების განსაზღვრა, საჯარო შესყიდვები და არაგანახლებადი ენერგიის შესაძლო წყაროები.

3.1. არსებული მდგომარეობა

საქართველოს მრეწველობის ენერგო ინტენსიურობა მაღალია, განსაკუთრებით ეს დამახასიათებელია სამრეწველო საწარმოებისთვის, აგრეთვე მცირე და საშუალო სიდიდის საწარმოებისათვის (მსს). გარემოსთან დაკავშირებული პრობლემები წლების განმავლობაში მთავრობის დღის წესრიგის შემადგენელი ნაწილი იყო და აისახებოდა მთელ რიგ პოლიტიკის დოკუმენტებში (იხ. ცხრილი 3.1).

სოციალურ-ეკონომიკური განვითარების სტრატეგიაში „საქართველო 2020", რომელიც მიღებულია 2014 წელს, ყურადღება გამახვილებულია ეკონომიკის განვითარების სამ უმთავრეს პრინციპზე. ეს სამი პრინციპი მოიცავს ბუნებრივი რესურსების რაციონალურ გამოყენებას, გარემოს უსაფრთხოების უზრუნველყოფას და მდგრადობას (Government of Georgia, 2014[1]).

კლიმატის ცვლილებასთან დაკავშირებულ საკითხებში, საქართველომ, ეროვნულად განსაზღვრული წვლილის (ეგწ) მეშვეობით, თავისი მიზნები საერთაშორისო დონეზე განაცხადა (Government of Georgia, 2015[2]), (FAO, 2018[3]). ქვეყანა მუშაობს უფრო ამბიციურ ეროვნულად განსაზღვრული წვლილის დოკუმენტზე, რომელიც 2020 წლის ბოლოს დასრულდება. აგრეთვე, მთავრობამ შეიმუშავა მნიშვნელოვანი სტრატეგიული დოკუმენტები, მათ შორის, ისეთი, როგორიცაა დაბალემისიანი განვითარების სტრატეგია (დეგს) და ეროვნულად მისაღები შემარბილებელი ქმედებები (NAMA-ემშქ) (NAMA, 2017[4]). მიუხედავად იმისა, რომ დეგს-ის დოკუმენტზე მუშაობა დასრულებულია, მთავრობას იგი ჯერ არ დაუმტკიცებია. ამასთან, რამდენიმე ქალაქმა და მუნიციპალიტეტმა, მერების შეთანხმების დოკუმენტის (Covenant of Mayors, 2017[5]). ეგიდით, აიღეს ვალდებულებები და 11 მათგანმა, ნებაყოფლობით შეიმუშავეს მდგრადი ენერგიების სამოქმედო გეგმები (მესგ).

ქვეყანამ, სხვადასხვა სახის ეკონომიკური განვითარების პოლიტიკებში ასახა კლიმატისა და გარემოს დაცვის საკითხებ [1]. ესაა მწვანე ეკონომიკის სტრატეგია, რომელსაც ეკონომიკისა და მსგრადი განვითარების სამინისტრო უძღვება. 2016 წელს, გერმანიის საერთაშორისო თანამშრომლობის ორგანიზაციასთან (GIZ) თანამშრომლობით, დაისახა გზები სტრატეგიის შემუშავებისათვის. ანალიზის შედეგად გამოიკვეთა სამი მთავარი სექტორი (მშენებლობა, სოფლის მეურნეობა და ტურიზმი) და კავშირები მათ შორის (UN Environment, 2018[6]). ედგს-ს გეგმავს შეიმუშაოს მწვანე ზრდის პოლიტიკის დოკუმენტი, სტრატეგია და შესაბამისი სამოქმედო გეგმა.

ეროვნული ენერგო ეფექტურობის სამოქმედო გეგმა (ეეესგ) აგრეთვე შემუშავების სტადიაშია. 2017-20 წლების გეგმის პროექტი აწესებს საერთო ენერგო ეფექტურობის სამიზნე მაჩვენებლებს, ისევე, როგორც სექტორულ სამიზნე მაჩვენებლებს შენობებისთვის, მრეწველობისა და ტრანსპორტისათვის. გამომდინარე იქიდან, რომ დოკუმენტის დამტკიცება დროში გაიწელა, თავიდან განსაზღვრული ვადები აღარაა რელევანტური. ფინასთა სამინისტროს მოთხოვნით, ემგს ამზადებს განახლებულ ეეესგ-ს 2022 წლისათვის. ასევე, ემგს

მუშაობს ეროვნული განახლებადი ენერგიების სამოქმედო გეგმის (ეგესგ) შემუშავებაზე.

მთავრობა პასუხისმგებელია ეეესგ-ის და ეგესგ-ს დამტკიცებაზე, ხოლო პარლამენტმა უნდა მიიღოს კანონი ენერგო ეფექტურობაზე და განახლებად ენერგიებზე. ყველა ეს დოკუმენტი წარდგენილია შესაბამის ორგანოებში, მაგრამ მათი მეღება ჯერ კიდევ არ მომხდარა.

ცხრილი 3.1. საქართველოში შესაბამისი ენერგეტიკული და გარემოს დაცვითი პოლიტიკური მიმოხილვა

დასახელება	მასშტაბი	სტატუსი	შენიშვნა
ეროვნულად განსაზღვრული წვლილი	ეროვნული	წარდგენილია კლიმატის ცვლილებაზე გაერო-ს ჩარჩო კონვენციისადმი (UNFCCC) 2015 წელს	ახდენს საქართველოს კლიმატთან დაკავშირებული საერთაშორისო მიზნების შეტყობინება
საქართველო 2020	ეროვნული	მიღებულია 2014 წ.	ახდენს პრობლემებისა და პრიორიტეტების იდენტიფიცირებას, რათა განხორციელდეს გრძელვადიანი, მდგრადი და ინკლუზიური ეკონომიკური ზრდის მიღწევა, მათ შორის განახლებად ენერგიებთან და ენერგო ეფექტიანობასთან დაკავშირებით.
კლიმატის ცვლილების სტრატეგია	ეროვნული	მიღებულია 2014 წ.	გამიზნულია რეალური გზების იდენტიფიცირებაზე, ეკოსისტემების მოწყვლადობის და სხვადასხვა გამფრქვევი სექტორებიდან სათბური გაზების ემისიების შემცირებაზე.
სახელმწიფო პოლიტიკის მთავარი მიმართულებები ენერგეტიკის სექტორში	ეროვნული/სექტორული	მიღებულია 2007 წ. შესწორდა 2015	განახლებადი ენერგიის წყაროების გამოყენებას ეროვნული პოლიტიკად აცხდებს
კანონი ელექტროენერგიასა და ბუნებრივ გაზზე	ეროვნული/სექტორული	მიღებულია 1999წ. შესწორდა 2013 წ.	მხარს უჭერს ადგილობრივი ჰიდრო და სხვა განახლებად, ალტერნატიულ და აირი რესურსების პრიორიტეტულ გამოყენებას
სახელმწიფო პროგრამა „განახლებადი ენერგია 2008“	ეროვნული/სექტორული	მიღებულია 2008წ. შესწორდა 2013 წ.	განსაზღვრავს განახლებადი ენერგიის წყაროების განვითარების წესებს და პროცედურებს
დაბალემისიებიანი განვითარების სტრატეგია (LEDS)	ეროვნული	ჩარჩო სტრატეგია დასრულებულია 2017 წლის აგვისტოსათვის	ახდენს სექტორული სტრატეგიების და მიზნების იდენტიფიცირებას დაბალნახშირბადიანი განვითარების მისაღწევად.
ეროვნული ენერგო ეფექტურობის სამოქმედო გეგმა (NEEAP)	ეროვნული	2017 წლის ივნისის მდგომარეობით - დასრულდა და ელოდება მთავრობის მხრიდან დამტკიცებას	ახდენს ენერგიების ემისიების სამიზნე მაჩვენებლების, პოლიტიკასთან დაკავშირებული ღონისძიებების და ფინანსური საჭიროებების იდენტიფიცირებას
ეროვნულად მისაღები შერბილების ღონისძიებები (NAMAs)	სექტორული	დასრულდა	ეროვნულად მისაღები შერბილების ღონისძიებები ბიომასიდან მიღებულ ენერგიაზე, შენობებზე, ტყის მდგრად მართვაზე, ტრანსპორტსა და ჰიდროელექტროსადგურებზე.
ეროვნული სატყეო კონცეფცია საქართველოსათვის	სექტორული	მიღებულია 2013 წ.	წარმოადგენს საფუძველს ტყის მართვის მდგრადი განვითარებისათვის და მასთან დაკავშირებული პოლიტიკის დოკუმენტებისათვის
მდგრადი ენერგიების სამოქმედო გეგმა (SEAPs-მდგრადი ენერგიების სამოქმედო გეგმები) მერების შეთანხმებაზე	მუნიციპალური	11 მდგრადი ენერგიების სამოქმედო გეგმა დამტკიცდა 2018წ-თვის	გადმოსცემს ცალკეული ხელმომწერი მუნიციპალიტეტების მზაობას საკუთარი ნებით შეამციროს სათბური გაზების ემისიები
თბილისის მდგრადი ურბანული ტრანსპორტის სტრატეგია	მუნიციპალური/სექტორული	დასრულდა 2016 წ.	განსაზღვრავს პოლიტიკურ მიმართულებებს და პრიორიტეტებს მდგრად ტრანსპორტთან დაკავშირებით, რომელიც უნდა განხორციელდეს 2015-2030 წლებში.
მწვანე ეკონომიკის კონცეფცია	ეროვნული/სექტორული	შემუშავების პროცესშია	დოკუმენტი ეხება მწვანე ეკონომიკის ინტერვენციას სხვადასხვა სექტორებში, რაც ასევე გამოიწვევს შემოსავლებისა და დასაქმების მაჩვენებლების ზრდას
მწვანე ქალაქის სამოქმედო გეგმა თბილისისათვის	მუნიციპალური	შემუშავების პროცესშია	დოკუმენტში განსაზღვრული იქნება შესასრულებელი ამოცანების კრიტერიუმები და პრიორიტეტები და მოგვცემს გრძელვადიანი მწვანე ქალაქის ცნებას - 10-15 წლიან პერიოდში. პროექტი მხარდაჭერილია ევროპის რეკონსტრუქციისა და განვითარების ბანკის მიერ.
ეროვნული ადაპტაციის გეგმა (NAP)	ეროვნული	შემუშავების პროცესშია	პირველი ჩარჩო-დოკუმენტი ორიენტირებული იქნება სოფლის მეურნეობის სექტორზე
ეროვნული განახლებადი ენერგიების სამოქმედო გეგმა	ეროვნული	შემუშავების პროცესშია	დოკუმენტი ჩამოაყალიბებს ეროვნულ ჩარჩო-პოლიტიკას განახლებადი ენერგიის წყაროების მიმართ, რომელიც ასევე შესაბამისობაში იქნება განახლებადი ენერგიის დირექტივასთან 2009/28/EC
მწვანე კლიმატის ფონდის პროგრამა საქართველოში	ეროვნული	დასრულებულია, გადის დამტკიცების პროცედურებს გარემოს დაცვისა და სოფლის მეურნეობის სამინისტროში	აღნიშნული პროგრამა ანალიზს უკეთებს ქვეყანაში მოქმედ კლიმატის ცვლილებასთან დაკავშირებულ მირითად სტრატეგიებს და ქმედებებს და წარმოადგენს კლიმატის ცვლილებასთან დაკავშირებული სავარაუდო პროექტების - როგორც შერბილების, ასევე ადაპტაციის და მრავალპროფილური პრობლემების - გამაერთიანებელ ინსტრუმენტს, რათა მოხდეს მათი იდენტიფიცირება და ისე წარდგენა, რომ შესაძლებელი გახდეს მწვანე კლიმატის ფონდიდან დაფინანსების მიღება
კლიმატის სამოქმედო გეგმა	ეროვნული	შემუშავების პროცესშია	ეს გეგმა შემუშავდა გარემოსა და ბუნებრივი რესურსების დაცვის სამინისტროს მიერ როგორც ეროვნულად განსაზღვრული წვლილის შესრულების სტრატეგია

წყარო: (OECD, 2018[7])-ს მიხედვით და განახლებული ავტორების მიერ

ამასთან, გარემოს დაცვისა და სოფლის მეურნეობის სამინისტრო მუშაობს კლიმატის სამოქმედო გეგმაზე, როგორც მეგწ-ის შესრულების სტრატეგია. იგი მოიცავს კონკრეტულ ნაბიჯებს და მონაცემებს, კლიმატთან დაკავშირებული მიზნების მისაღწევად. აღნიშნულის დეტალური განხილვა მოცემულია ქვემოთ.

მოსალოდნელი ეროვნულად განსაზღვრული წვლილი

მეგწ-ის შესაბამისად, საქართველო მოწოდებულია 2030 წლისათვის შეამციროს სათბური გაზების (სგ) გაფრქვევის მაჩვენებელი 15%-ით, იმ მაჩვენებელთან შედარებით, რაც ბიზნესის წარმოების არსებული პრაქტიკის შენარჩუნებით (BAU) იქნებოდა. ამასთან დამატებით, თუ იქნება საერთაშორისო დახმარება ფინანსებით და ტექნოლოგიებით, ქვეყანა მოწოდებულია გაფრქვევის მაჩვენებლის 25%-ან შემცირებაზე, ვიდრე ეს იქნებოდა ბიზნესის წარმოების არსებული პრაქტიკის შენარჩუნებისას (BAU) (დაახლოებით 41%-ით ნაკლები 1990 წელს არსებულ ათვლის დონეებთან შედარებით) (Government of Georgia, 2015[2]). ამასთან, მეგწ-ის დოკუმენტი არ აკონკრეტებს იმ თანხის მოცულობას, რაც ამ მიზნის მისაღწევად იქნებოდა საჭირო.

მეგწ ასახავს კლიმტის ცვლილების შერბილებასა და ადაპტაციასთან დაკავშირებით საქართველოს ეროვნულ მიზნებს 2030 წლისათვის. დოკუმენტში არაა მოცემული დასახული ქმედებების დეტალები ან საფუძვლიანი კვლევა დასახული მიზნებისათვის საჭირო თანხებთან დაკავშირებით. ამის მაგივრად, მეგწ-ის დოკუმენტი მითითებას აკეთებს დაბალი ემისიების განვითარების სტრატეგიაზე (დეგს) და ეროვნულ ენერგო ეფექტურობის სამოქმედო გეგმაზე (ეესგ).

დაბალ ემისიებიანი განვითარების სტრატეგია

საქართველომ თავისი დეგს დაასრულა 2017 წლის შუა პერიოდში. დოკუმენტი მომზადდა აშშ-ის საერთაშორისო განვითარების სააგენტოს (USAID, 2017[8]). მხარდაჭერით და იმ პროგრამის ფარგლებში, რომლის სახელწოდება იყო „უნარების გაძლიერება დაბალი ემისიებიანი განვითარების სტრატეგიებისთვის“. დეგს-ი მიზნად ისახავს ხელი შეუწყოს ქვეყნის დაბალემისიებიან ეკონომიკაზე გადასვლას სხვადასხვა ტიპის მიდგომების გამოყენებით, მათ შორის:

- სგ-ის გაფრქვევის მთავარი წყაროების და მათი სამომავლო მიმართულებების იდენტიფიცირებით
- იმ მიზნებისა და პოლიტიკური ზომების განსაზღვრით, რომელიც დაეხმარება სგ ემისიების შემციერბის გზაზე ბარიერების გადალახვას, კონკრეტულ სექტორებში
- ზემოაღნიშნულის განხორციელებისათვის აუცილებელი საკანონმდებლო სისტემების, ინფრასტრუქტურისა და კოორდინერებული ქმედებების სქემის ჩამოყალიბებით

- დეგს განხორციელებისათვის ეროვნული და საერთაშორისო ფინანსური წყაროების მობილიზაციის მექანიზმების მომზადებით (Winrock and Remissia, 2017[9]).

ეროვნული ენერგო ეფექტურობის სამოქმედო გეგმა

მთავრობამ მოამზადა ეესგ 2015-17 წწ-იწ განმავლობაში (NEEAP Expert Team, 2017[10]). ეესგ ადგენს დეტალურ გეგმებს ენერგო ეფექტურობისათვის, ისეთს, როგორიცაა ფინანსუქი სქემები, ენერგო აუდიტი და ეტიკეტირების განხორციელება და, აგრეთვე, ცალკეული სექტორებისათვის სავალდებულო ღონისძიებებს. ეს უკანასკნელი გულისხმობს ღონისძიებებს შენობებთან, საჯარო ორგანოებთან, მრეწველობასთან, გამათბობელ და გამაგრილებელ სისტემებთან, და ენერგიის გარდაქმნასთან, გადაცემასთან, დისტრიბუციასთან და მოთხოვნასთან დაკავშირებით.

ენერგეტიკური თანამეგობრობა

2017 წლის ივლისიდან საქართველო ენერგეტიკული თანამეგობრობასთან ხელმომწერი მხარეა (Energy Community Secretariat, 2017[11]). ევროკავშირის შესაბამისი დირექტივების შესრულების ვალდებულება, დროთა განმავლობაში გამოიწვევს საქართველოში განახლებად ენერგიეთან და ენერგო ეფექტურობასთან დაკავშირებული ინვესტიციების უფრო მაღალ მხარდაჭერას. ეს დირექტივები მოიცავს შემდეგს: 2012/27/EU დირექტივას, ენერგო ეფექტურობასთან დაკავშირებით, 2010/30/EU დირექტივას, ენერგიისა და სხვა რესურსების მოხმარების შესახებ ეტიკეტირებისა და პროდუქტზე სტანდარტული ინფორმაციის მითიებაზე (მიღების ვადა 2018 წლის 31 დეკემბერი) და 2010/31/EU დირექტივას, შენობების ენერგო მახასიათებლების შესახებ (2019 წლის 30 ივნისი).

ეროვნულად მისაღები შემარბილებელი ქმედებები

საქართველომ ასევე შეიმუშავა რიგი ეროვნულად მისაღები შემარბილებელი ქმედებები (ემშქ). იგულისხმება, რომ ისინი კავშირში და თანხვედრაში უნდა იყოს ეესგ-თან . მათ შორისაა ემშქ, რომელიც მიმართულია სუფთა ენერგიების წარმოებაზე, სახელმწიფო საკუთრებაში არსებული საჯარო შენობების ენერგო ეფექტურ განახლებაზე და სოფლის მეურნეობის განვითარებში ბიომასის გამოყენებაზე (NAMA, 2017[4]).

3.2. განახლებადი ენერგიები

განახლებადი ენერგიის წყაროების გამოყენება ეროვნულ პრიორიტეტად განიხილება „ენერგეტიკის სექტორში სამთავრობო პოლიტიკის მთავარ მიმართულებებში" (Government of Georgia, 2017[12]). შესაბამისი დოკუმენტების ჩარჩო ეხმარება ამ მიმართულებით ინფრასტრუქტურის, ფინანსებისა და კვლევების განვითარებას. საქართველომ ასევე შეიმუშავა სპეციალური საკანონმდებლო ჩარჩო ჰიდრო ელექტროენერგეტიკის განვითარების მიზნით.

ემგს მუშაობს აშშ-ის განვითარების პროგრამის ფარგლებში (UNDP), ეროვნული განახლებადი ენერგიების სამოქმედო გეგმის (ეგესგ) შემუშავებაზე. ამის გამო, განახლებად ენერგიებთან დაკავშირებული საკანონმდებლო ჩარჩო საქართველოში სრულად არ შეესაბამება ევროკავშირსა და საქართველოს შორის გაფორმებულ ასოცირების შეთანხმებიდან და ენერგეტიკულ თანამეგობრობასთან ხელშეკრულებიდან გამომდიანრე, 2009/28/EC დირექტივას განახლებადი ენერგიების შესახებ.

3.3. განვითარების პოტენციური სივრცეები

მიუხედავად იმისა, რომ საქართველომ დიდი პროგრესი განიცადა გარკვეული მიმართულებებით, მაგალითად, ისეთი როგორიცაა ჰიდროელექტროსადგურების მშენებლობა, იგი სრულიადაც არ იკავებს მოწინავე პოზიციებს ენერგო ეფექტურობის ან სხვა ტიპის განახლებადი ენერგიების პროექტების განხორციელების მხრივ. აღმოსავლეთ პარტნიორობის და კავკასიის რეგიონის ან ცენტრალური ევროპის სხვა ქვეყნები, რომლებსაც ერთ სულ მოსახლეზე გაანგარიშებით მთლიანი შიდა პროდუქტის იგივე მაჩვენებელი აქვთ (მსყიდველუნარიანობის პარიტეტი), ხშირად, ენერგო ეფექტურობასთან დაკავშირებით, უფრო მკვეთრ და ძლიერ პოლიტიკას ატარებენ [იხ. (Energy Community, 2019[13]) რეგიონში არსებული პოლიტიკების ანალიზი].

ამგვარად, გარკვეული მიმართულებებით არსებული პოლიტიკური მიდგომები შესაძლოა პოტენციურად გაძლიერდეს, რათა გაუმჯობესდეს მწვანე ინვესტიციების განხორციელების შესაძლებლობა მსს-ის სექტორში, როგორც ეს ადრე განსაზღვრული იყო ეკონომიკური თანამშრომლობისა და განვითარების ორგანიზაციის მიერ (OECD, 2018[7]).

- უფრო გაბედული მიზნების დასახვა: საქართველო ერთადერთი ქვეყანაა აღმოსავლეთ ევროპის, კავკასიისა და ცენტრალური აზიის რეგიონში, თურქმენეთის გარდა, რომელსაც განახლებად ენერგიებთან ან ენერგო ეფექტურობასთან დაკავშირებით კანონმდებლობით ჯერაც არ გააჩნია რაიმე ციფრებში გამოხატული სამიზნე მაჩვენებელი.
- გარემოს დაცვასთან დაკავშირებული საკანონმდებლო ჩარჩო: გაეროს ინდუსტრიული განვითარების ორგანიზაციის მონაცემების და შესაბამის ბიზნეს ასოციაციებთან დისკუსიების მიხედვით, საქართველოს საწარმოები გარემოს დაცვით პოლიტიკებს და მათი აღსრულების მექანიზმებს განიხილავენ უმნიშვნელოვანეს მამოძრავებელ ძალად ენერგო ეფექტურ და სუფთა წარმოების პროექტებში ინვესტიციების განსახორციელებლად. მათ სჯერათ, რომ ამგვარ პოლიტიკებს ძალუძს შექმნას ეკონომიკური შესაძლებლობები ახალი ბაზრის განვითარებისთვის.
- ელექტროენერგიაზე უფრო მაღალი ფასები: ელექტროენერგიაზე დაბალი ფასი მცირემასშტაბიან განახლებადი ენერგიის პროექტებს

არაკონკურენტუნარიანებად აქცევს და ხელს უშლია ენერეგოეფექტურ პროექტებში ინვესტიციების განხორციელებას. ფასების ზრდა და სუბსიდიების გაუქმება გამოიწვევს კომპანიების მხრიდან ეფექტურობისა და პროდუქტიულობის გაუმჯობესებას.

- მარეგულირებელი ჩარჩოსა და აღსრულების სისტემის გაძლიერება: ხშირად მიიჩნევა, რომ განვითარებაზე ორიენტირებული პოლიტიკები შესაძლებელია განხორციელდეს მხოლოდ, ენერგიის მოხმარებაზე და გარემოსდაცვითი მახასიათებლებზე სტანდარტების შესუსტების ხარჯზე. საწინააღმდეგოდ იმისა, რომ ნათლადაა გამოხატული ზრდის ტენდენცია (OECD, 2017[14]). ზოგიერთი სამთავრობო სტრუქტურების წარმომადგენელი გარემოსდაცვითი სტანდარტების გაუმჯობესებას, განვითარებაზე ნეგატიურ ზემოქმედებად განიხილავს. ეს აისახება რეგულაციების მიმართ შედარებით მსუბუქ მიდგომებში (მაგ. ეფექტურობასთან, შენობებისა და მასალების სტანდარტებთან დაკავშირებით) და საბაზრო მექანიზმების არქონაში, ისეთი როგორიცაა დაბინძურების მიმართ.

- აღნიშნულ სფეროში არსებული პოლიტიკების დასრულება და ერთმანეთთან შესაბამისობაში მოყვანა: საქართველოში შემუშავებულია გარემოზე ზემოქმედების შემარბილებელი და ენერგო ეფექტურობის მთელი რიგი პოლიტიკის დოკუმენტები, როგორც ეროვნულ, აგრეთვე სექტორულ დონეებზე (ეესგ, დეგს, მეგწ). იმ პოლიტიკის დოკუმენტების და სტრატეგიების მიღება, რომლებიც ჯერ კიდევ არაა დამტკიცებული და ენერგო ეფექტურობის ან სხვა სახის გარემოსდაცვითი მახასიათებლების გათვალისწინება წაახალისებდა მსს-ისთვის მწვანე საქონლისა და მომსახურებების ბაზრის ჩამოყალიბებას.

- მწვანე საჯარო შესყიდვები: საჯარო შესყიდვების წესებმა შესაძლებელია პოტენციურად ხელი შეუწყოს, საჯარო სტრუქტურების მხრიდან, დაბალნახშირბადიან, კლიმატის მიმართ მედეგ საქონელზე და მომსახურებაზე მოთხოვნის მნიშვნელოვან ზრდას.

- იმ განახლებადი ენერგიების ხელშეწყობა, რომელიც არაა დაკავშირებული წყალთან: ინვესტიციები ჰიდროელექტროსადგურების მიმართულებით საკმაოდ მყარია, მაგრამ ძალზედ მცირეა პროგრესი სხვა ტიპის განახლებადი ენერგიების კუთხით. განსაკუთრებით ეს შეეხება მცირე შენობის მასშტაბის ტექნოლოგიებს, რომელიც შეიძლება საინტერესო იყოს მსს-თვის. მთავრობას შეუძლია გაითვალისწინოს სხვადასხვა სახის დახმარებები, რამაც შესაძლოა გააძლიეროს ალტერნატიული ტექნოლოგიები.

შენიშვნები

[1] იხ. ეთგო (2018), „მწვანე ფინანსები და ინვესტიციები. ფინანსების მობილიზება კლიმატის ქმედებებისათვის საქართველოში" პოტენციური პოლიტიკის დოკუმენტებისა და დაფინანსების საკითხების სრული ანალიზისათვის.

გამოყენებული ლიტერატურა

Covenant of Mayors (2017), *Covenant of Mayors – Signatories*, http://www.covenantofmayors.eu/about/about/. [5]

Energy Community (2019), "Energy Community", webpage (accessed 23 September 2019), https://www.energy-community.org. [13]

Energy Community Secretariat (2017), *Energy Governance in Georgia, Report on Compliance with the Energy Community Acquis*, Energy Community Secretariat, Vienna, http://www.euneighbours.eu/sites/default/files/publications/2017-08/ECS_Georgia_Report_082017.pdf. [11]

FAO (2018), *Policy Analysis of Nationally Determined Contributions in Europe and Central Asia,*, Food and Agriculture Organization of the United Nations, Rome, http://www.fao.org/3/ca2684en/CA2684EN.pdf. [3]

Government of Georgia (2017), *Main Directions of the State Policy in Energy Sector of Georgia*, Government of Georgia, Tbilisi, http://www.energy.gov.ge/projects/pdf/pages/MAIN%20DIRECTIONS%20OF%20THE%20STATE%20POLICY%20IN%20ENERGY%20SECTOR%20OF%201047%20eng.pdf. [12]

Government of Georgia (2015), *Georgia's Intended Nationally Determined Contribution*, United Nations Framework Convention on Climate Change, Bonn, http://www4.unfccc.int/submissions/INDC/Published%20Documents/Georgia/1/INDC_of_Georgia.pdf. [2]

Government of Georgia (2014), *Social-economic Development Strategy of Georgia: Georgia 2020*, Government of Georgia, Tbilisi, https://policy.asiapacificenergy.org/sites/default/files/Georgia%202020_ENG.pdf. [1]

NAMA (2017), *Georgia – NAMA*, Nationally Appropriate Mitigation Actions, Georgia (database) (accessed 23 October 2019), http://www.nama-database.org/index.php/Georgia. [4]

NEEAP Expert Team (2017), *Draft National Energy Efficiency Action Plan, Report Commissioned by EBRD*, National Energy Efficiency Action Plan, Tbilisi. [10]

OECD (2018), *Mobilising Finance for Climate Action in Georgia*, Green Finance and Investment, OECD Publishing, Paris, https://dx.doi.org/10.1787/9789264289727-en. [7]

OECD (2017), *Investing in Climate, Investing in Growth*, OECD Publishing, Paris, https://dx.doi.org/10.1787/9789264273528-en. [14]

UN Environment (2018), *Supporting the Development of a Green Growth Strategy in Georgia*, United Nations Environment Programme, Geneva-Tbilisi, http://www.green-economies-eap.org/resources/Georgia%20GE%20report%20ENG%2027%20Jun.pdf. [6]

USAID (2017), "Georgia Overview", Enhancing Capacity for Low-Emission Development Strategies, archived webpage (accessed 23 October 2019), https://www.ec-leds.org/countries/georgia. [8]

Winrock and Remissia (2017), *Georgia Low Emission Development Strategy Draft Report*, commissioned by the USAID-funded EC-LEDS Clean Energy Program, Winrock International and Sustainable Development Center, Little Rock, US. [9]

თა ვ ი 4. კლიმატთან დაკავშირებული ფინანსები მსს-თვის საქართველოში

ამ თავში გაანალიზებულია საქართველოში მცირე და საშუალო სიდიდის საწარმოების მხრიდან (მსს) მწვანე ფინანსებზე წვდომის არსებული მდგომარეობა. განხილულია იმ სამი ბანკის - საქართველოს ბანკი, პრო კრედიტ ბანკი და თი-ბი-სი ბანკი - გამოცდილება, რომლებიც ყველაზე აქტიურად ახორციელებდნენ მწვანე ფინანსების შეთავაზებას საქართველოს ბაზარზე. აღნიშნულთან დაკავშირებით, ამ თავში განხილულია საქართველოში მდგრად ენერგიებთან დაკავშირებული გამოწვევები და მწვანე ინვესტიციებთან დაკავშირებული ახალი პოლიტიკური გარემო. ყოველივე ეს გაანალიზებულია მიწოდების და მოთხოვნის მხრიდან განსახორციელებელი ღონისძიებების კონტექსტში. ამ თავი მხოლოს იდენტიფიცირებულია ის შესაძლო პოლიტიკური გადაწყვეტილებები, რაც გაზრდიდა ქვეყანაში მსს-თვის მწვანე ფინანსებზე წვდომას.

4.1. ზოგადი მიმოხილვა

საქართველოში არსებობს მთელი რიგი, ეროვნულ დონეზე გაკეთებული შეფასებები, რომელიც დაკავშირებულია იმ ფინანსურ საშუალებებთან, რომელიც საჭიროა მდგრადი განვითარების და კლიმატის ცვლილების ღონისძიებების შესასრულებლად. თუმცა, ისინი არ ეხება კონკრეტულად მცირე და საშუალო სიდიდის საწარმოებს (მსს). აღნიშნული შეფასებები მოიცავს:

- 2017-30 წწ-ში ენერგო ეფექტურობისათვის (ეროვნული ენერგო ეფექტიანობის სამოქმედო გეგმა) 8.3 მლრდ. აშშ დოლარს (NEEAP Expert Team, 2017[1])
- 2017-დან 2030 წლამდე ენერგო ეფექტურობისათვის, არაენერგეტიკული სათბური გაზებისა (სგ) და მიწის გამოყენებისთვის, მიწის გამოყენების ცვლილებისთვის და სატყეო სექტორიდან (მსმსცსმ) ემისიების შესამცირებლად (დაბალემისიებიანი განვითარების სტრატეგია) 10.6 მლრდ აშშ დოლარს (Winrock and Remissia, 2017[2])
- 2017-30 წწ-ში ჰიდროელექტროსადგურებისთვის (საქართველოს მესამე ეროვნული კომუნიკაცია გარემოს ცვლილების გაეროს ჩარჩო კონვენციასთან) 2.4 მლრდ. აშშ დოლარს (Government of Georgia, 2015[3])
- 2021-30 წწ-ის პერიოდისათვის კლიმატის ცვლილების ადაპტაციისთვის (ეროვნულად განსაზღვრული წვლილი) 1.5-2.0 მლრდ. აშშ დოლარს (Government of Georgia, 2015[4])

ამ ფინანსური ნაკადების მნიშვნელოვანი ნაწილი პირდაპირი მნიშვნელობით არ არის რელევანტური მსს-თვის. თუმცა, მნიშვნელოვანი ფინანსური სახსრები უნდა იყოს ხელმისაწვდომი საქართველოს მსს-ისთვის. ეს მათ შესაძლებლობას მისცემდა მწვანე ზრდის ინვესტირება მოეხდინათ (ენერგო ეფექტურობა, განახლებადი ენერგიის წყაროები). ეს ასევე დაეხმარებოდა მათ მწვანე საქონლებისა და მომსახურებისთვის შესაბამისი ბაზარი განევითარებინათ (მაგ. ენერგო ეფექტური სამშენებლო პროდუქცია). მწვანე ტექნოლოგიები ძვირადღირებულია, ხოლო საქართველოში, ამ ტექნოლოგიების 90% იმპორტირებულია[1]. ამ მიმართულებით თავისი დიდი წვლილი შეუძლიათ შეიტანოს, როგორც მთავრობამ (მაგ. ენერგო ეფექტური სტანდარტების სავალდებულოდ შემოღება, საგადასახადო შეღავათების დაწესება გარკვეულ ტექნოლოგიებზე), ასევე საერთაშორისო საზოგადოებამ (მაგ. საერთაშორისო საფინანსო ინსტიტუტებს შეუძლიათ გააკეთონ უფრო დივერსიფიცირებული ფინანსური მექანიზმების შეთავაზება, ვიდრე მხოლოდ სესხები), რათა მწვანე ტექნოლოგიები უფრო ხელმისაწვდომი გახადონ. მწვანე ინვესტიციებზე მოთხოვნის ამაღლება და მათზე წვდომის გაუმჯობესება აგრეთვე შეამცირებს ნარჩენებს და მსს-ს გადაიყვანს უფრო ეფექტურ და თანამედროვე ტექნოლოგიებზე. ეს, თავის მხრივ, წაადგება ქართული ეკონომიკის პროდუქტიულობის გაზრდას და მასში ინოვაციების დანერგვას.

წინამდებარე ანგარიშში „მწვანე ფინანსების“ ცნება ვრცელდება იმ ინვესტიციებზე, რომლებიც იძლევა სარგებელს გარემოს დაცვისთვის,

გარემოსდაცვითი მდგრადობის შექმნის კონტექსტში. ასეთ ინვესტიციებს განეკუთვნება ინვესტირება სუფთა/განახლებადი ენერგიის წყაროებზე, ენერგო ეფექტურობაზე, ჰაერში დაბინძურების შემცირებაზე, წყალსა და მიწაში, ნარჩენების მართვასა და გადამუშავებაზე და სუფთა ტრანსპორტზე. ევროკავშირში ამჟამად მიმდინარეობს მდგრადი ქმედებების ევროკავშირის ტაქსონომიის შემუშავება[2]. ესაა შეთანხმებული დეფინიციების და ტერმინების კლასიფიკაცია მდგრადი განვითარების ტიპის პროექტებისათვის, რომლებსაც შეიძლება მწვანე ინვესტიციების კვალიფიკაცია მიეცეს. მოსალოდნელია, რომ აღნიშნული ტაქსონომია ნათელს მოფენს მრავალ საკითხს, რომელიც ბანკირებსა და ინვესტორებს აქვთ მწვანე ინვესტიციებთან და ფინანსებთან დაკავშირებით.

4.2. საკრედიტო ბაზარი საქართველოში

კრედიტების რაოდენობის ზრდა ძირითადად საცალო/წვრილი მსესხებლების ხარჯზე ხდება, მაგრამ ბოლოდროინდელმა ცვლილებებმა რეგულაციებში მნიშვნელოვნად გაზარდა მსს-ს და სამრეწველო დაკრედიტების წილი. სამრეწველო დაკრედიტება შეზღუდულია კორპორატიულ კლიენტებს შორის არსებული დავალიანებებით და დიდი ფირმების შესაძლებლობით წვდომა ჰქონდეთ შედარებით იაფ საერთაშორისო ფინანსებზე. საბანკო სესხების სისტემა მუშაობს კარგად, თუმცა ფასიანი ქაღალდების ბაზარის ინსტრუმენტები რჩება დაბალი განვითარების დონეზე.

კრედიტებზე წვდომის თვალსაზრისით, აღებული კრედიტის თანაფარდობა მშპ-თან მიმართებაში, რეგიონის სხვა ქვეყნებთან შედარებით მაღალია. კრედიტების ზრდა უფრო მაღალია, ვიდრე მშპ-ის ზრდა და ბოლო წლებში ეს თანაფარდობა უფრო გაიზარდა.

გრაფიკი 4.1. კრედიტების ზრდა მშპ-ის ზრდასთან მიმართებაში საქართველოს ბანკებში, წილობრივად, წლების მიხედვით, 2008-18

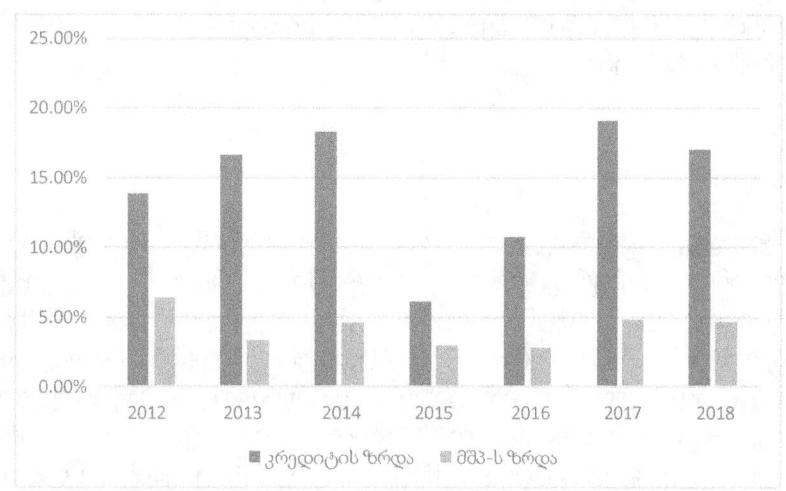

წყარო: (NBG, 2019[5]).

კრედიტების ზრდა (როგორც რეალური, აგრეთვე, სავალუტო კურსიდან გამომდინარე) ზოგადად უფრო მაღალია ვიდრე თავად ეკონომიკის ზრდა. ჯამური მოთხოვნა საკრედიტო ექსპანსიის მამოძრავებელ ძალად გამოდის და არანაირი ნიშანი კრედიტების შეზღუდვისა არ შეინიშნება (მკვეთრი შემცირება კრედიტზე წვდომაში).

საცალო კრედიტები სესხების ზრდის მთავარი წყაროა. (წლიური 20%-ნი ზრდა). საქართველოს ეროვნული ბანკი (სებ) მზარდ რისკებს პასუხობს დედოლარიზაციის სტრატეგიით (ანუ აწესებს შეზღუდვას უზრუნველყოფის კოეფიციენტზე). საცალო კრედიტების რაოდენობა შედარებით მაღალია (მშპ-ის 32%). გამომდინარე იქიდან, რომ არსებობს ამ მაჩვენებლის გაზრდის საფრთხეები, უსაფრთხოების ზომების მიღება რელევანტურია. საცალო კრედიტები 2017 წელს გაცემული კრედიტების 55%-ს შეადგენდა. ეს მაჩვენებელი 2014 წელს 49% იყო.

მსს-ის დაკრედიტების და მათი ფინანსებზე წვდომის საკითხი, მესამე ყველაზე მნიშვნელოვანი წინაღობაა ბიზნესის განვითარებისათვის (EBRD/World Bank Group, 2015[6]). თუმცა, მსს-თან დაკავშირებით, ეს ბარიერი სხვა ქვეყნებში არსებული მდგომარეობის მსგავსია. მსს-ზე გაცემული კრედიტების წილი მთლიან კორპორატიულ კრედიტებში, ბოლო ორი წლის განმავლობაში, გაიზარდა. კრედიტებზე საცალო წვდომა აგრეთვე თანხვედრაშია სხვა ქვეყნების მაჩვენებელთან. მთავარი საკითხი ფინანსებზე წვდომასთან დაკავშირებით, როგორც ჩანს, უფრო მეტად დაკავშირებულია მსს-ის აქტივების დაბალ დონესა და არსებულ სასესხო ვალდებულებებთან, ვიდრე თავად ბანკების საკრედიტო პოლიტიკასთან, როგორც ასეთი.

მოხდა საპროცენტო განაკვეთის მნიშვნელოვანი დაწევა როგორც ლარში დენომინირებულ სესხებზე, აგრეთვე - უცხოურ ვალუტებში. აგრეთვე, მოხდა სესხებსა და დეპოზიტებს შორის თანაფარდობის დაახლოება. საკუთარ კაპიტალზე მაღალი უკუგების მიუხედავად, ბანკებს მოუწევთ გადავიდნენ კრედიტებზე ფასწარმოქმნის უფრო კონკურენტულ ფორმებზე. ამ ეტაპზე, ლარსა და აშშ დოლარზე არსებულ საპროცენტო განაკვეთებს შორის განსხვავება დოლარიზაციის მთავარი წყაროა, მიუხედავად ამ უკანასკნელთან დაკავშირებული რისკებისა.

4.3. მწვანე კრედიტები

გარკვეულწილად, საქართველოს მსს-სთვის მწვანე დაფინანსება უკვე ხელმისაწვდომია ენერგეტიკის სფეროში, რესურს ეფექტურობის მიმართულებით და მწვანე მომარაგების ქსელის ორგანიზებისთვის ინვესტიციების მხარდასაჭერად. საკრედიტო ხაზები, რომელსაც სფი გამოყოფენ და ადგილობრივ ბანკებზე გადანაწილდება, საქართველოში მსს-თვის და, უფრო ფართო მასშტაბით, ევროკავშირის აღმოსავლეთ პარტნიორობის ქვეყნებისთვის, მწვანე ინვესტიციების გრძელვადიანი დაფინანსების მთავარი წყაროა (OECD, 2016[7]). სულ მცირე 8 ბანკმა და

მიკროსაფინანსო კომპანიამ ისარგებლა სფი-ის საკრედიტო ხაზით საქართველოში.

ადგილობრივმა ბანკებმა მიღებული კრედიტი გაასესხეს კერძო სექტორის წარმომადგენლებზე (საოჯახო მეურნეობები, მსს, დიდი სამრეწველო კომპანიები და განახლებადი ენერგიების პროექტების განმახორციელებლები). საბოლოო მომხმარებელს და ადგილობრივ ბანკებს ხშირად შეუძლიათ ისარგებლონ საკონსულტაციო მომსახურებებით და ტრეინინგებით, რათა შეიმუშაონ პრაქტიკულად განხორციელებადი პროექტები[3].

სფი-ის მიერ გამოყოფილი საკრედიტო ხაზი ხშირად უფრო გრძელვადიანია, ვიდრე ადგილობრივ ბაზარზე ბანკების მიერ შეთავაზებული ვადები. იმის შესაძლებლობა, რომ მიიღონ სესხები მათთვის სასურველი დაფარვის ვადებით და დაბალი ღირებულებით, გარკვეულ კომფორტს უქმნის ადგილობრივ ბანკებს და მათი მზადყოფნაც თავად გასცენ სესხები, იზრდება. ამ ტიპის საკრედიტო ხაზები უზრუნველყოფენ გრძელვადიან ფინანსებზე წვდომას, რაც სხვაგვარად შესაძლოა მიუწვდომელი იყოს მსს-თვის. ამასთან, ამ კომპანიებისათვის უფრო რეალური ხდება იმ ხანგრძლივობით აიღონ სესხები, რაც ყველაზე მეტად შეესაბამება ენერგო ეფექტურობაზე გაკეთებული ინვესტიციების უკუგების ვადებს.

საპროცენტო განაკვეთებთან დაკავშირებით, მსს-თვის შეთავაზებული სესხების ღირებულება პირდაპირ არ ასახავს სფი-ის საკრედიტო ხაზის ღირებულებას. ჩვეულებრივ სესხების ღირებულება დგინდება დინამიურად, მსესხებლის სანდოობის ხარისხის შეფასების და სესხების ბაზარზე კონკურენციის საფუძველზე. კაპიტალის მაღალ ღირებულებას, შეუძლია ინვესტიცია, რომელიც გარემოს დაბინძურების წინააღმდეგ მიმართული პოტენციურად მაღალი ხარჯებით ხასიათდება, უფრო გააძვიროს[4]. ამგვარად, მსესხებლისათვის ამ ტიპის ინვესტიციის მიმზიდველობა მცირდება.

სფი-ის უმეტესობა, რომლებიც აქტიურად საქმიანობენ რეგიონში, ადგილობრივი ფინანსური ინსტიტუტებისთვის გახსნეს გარემოს დაცვასთან დაკავშირებული საკრედიტო ხაზები. საქართველოში, თავდაპირველად სფი-ის რიცხვში იყვნენ ევროპის რეკონსტრუქციისა და განვითარების ბანკი (ერგბ), ევროპის საინვესტიციო ბანკი (ესბ), გერმანული KfW, ავსტრიის განვითარების ბანკი (აგბ). მნიშვნელოვან როლს თამაშობდნენ აგრეთვე, ფონდი მწვანე ზრდისთვის (ფმზ) და კლიმატის გლობალური საპარტნიორო ფონდი (კგსფ). მწვანე კლიმატის ფონდმა (მკფ) გამოყო სახსრები ერგბ-თვის, შემდგომში „მდგრადი სესხების ფინანსური სახსრების“ გასაცემად.

მატრიცა 4.1. საერთაშორისო ფინანსური ინსტიტუტები, რომლებიც საქართველოში დაფინანსებას ახორციელებენ

ქვემოთ მოცემულია უფრო დეტალური ინფორმაცია იმ სფი-ის შესახებ, რომლებმაც გარემოს დაცვითი საკრედიტო ხაზები გახსნეს საქართველოში:

- ერგბ აამოქმედა რამდენიმე საკრედიტო ხაზი ექვსი ქართული ბანკის მეშვეობით. სულ ბოლოს, ენერგო კრედიტის სახელწოდებით, ერგბ-მ კავკასიის რეგიონის ბანკებს გამოუყო საკრედიტო ხაზი 125 მილიონი დოლარის ოდენობით, 2007-17 წლებში. პარტნიორი ბანკების რიცხვში იყო საქართველოს ბანკი (სბ), ბანკი რესპუბლიკა (რომელიც მოგვიანებით თი-ბი-სი-მ შეიძინა), ბაზის ბანკი, კრედო ბანკი, თი-ბი-სი ბანკი და ვი-თი-ბი ბანკი. 2016 წელს მწვანე კლიმატის ფონდმა თანხმობა გამოთქვა განეხორციელებინა 375 მილიონი აშშ დოლარის ოდენობის მსხვილი ენერგო ეფექტური მიმართულების დაფინანსება ერგბ-თან ერთად. ეს დაფინანსება ხელს შეუწყობს სესხების გაცემას ფინანსური შუამავლების მეშვეობით 10 ქვეყანაში, რასაც თან დაერთვება ერგბ-ის 1 მილიონი აშშ დოლარის ოდენობის თანადაფინანსება. ამასთან 2017 წელს ერგბ-მა საკრედიტო ხაზები გაუხსნა სბ-ს და თი-ბი-სი ბანკს, ღრმა და ყოვლისმომცველი თავისუფალი სავაჭრო სივრცის ფარგლებში, რომლებიც გამიზნული იყო მსს-ზე და ენერგო ეფექტურობაში ინვესტიციების მხარდაჭერაზე
- ევროპის საინვესტიციო ბანკმა (ესბ) მხარდაჭერა აღმოუჩინა რამდენიმე ბანკს, სადაც ინტეგრირებული იყო მსს-ბი და გარემოს დაცვითი სესხები. ესბ-მა 165 მილიონი ევრო გამოყო მსს-თვის სამი ბანკის მეშვეობით (სბ, თი-ბი-სი ბანკი, პრო კრედიტ ბანკი). ესბ აგრეთვე ნაწილობრივ იძლევა პორტფელურ საკრედიტო გარანტიებს თი-ბი-სი ბანკისა და პრე-კრედიტ ბანკისთვის, „ევროკავშირის დაფინანსება ნოვატორებისათვის" (InnovFin)[5] სქემის და ღრმა და ყოვლისმომცველი თავისუფალი სავაჭრო სივრცის პროგრამების ფარგლებში. ესბ-მა მხარდაჭერა აღმოუჩინა აგრეთვე მიკროსაფინანსო ორგანიზაციების სექტორსაც, რომლებიც მიკროსესხებს გასცემენ მცირე და მიკრო ბიზნესებზე საქართველოში (კრედო ბანკი).
- 2012 წელს KfW-მ სბ-ს გამოყო 25 მილიონი ევროს სესხი. ამ სესხს თან ახლდა 0.75 მილიონის ოდენობის ტექნიკური მხარდაჭერის პაკეტი ავსტრიის განვითარების ბანკის მხრიდან, რაც რისკების განაწილების მექანიზმს გულისხმობდა. სესხი, რომლის მომსახურების ვადა 10 წელია, ძირითადად გამოყენებული იყო გრძელვადიანი სესხების დასაფინანსებლად - 20 მეგავატამდე სიმძლავრის მცირე სიდიდის ჰიდროელექტროსადგურების ასაშენებლად ან რეაბილიტაციისათვის.
- 2012 წელს ავსტრიის განვითარების ბანკმა პრო კრედიტ ბანკს გამოუყო 15 მილიონი დოლარის საკრედიტო ხაზი, მსს-ში ენერგო ეფექტური

ღონისძიებებისათვის. ავსტრიის განვითარების ბანკის მხარდაჭერით ასევე განხორციელდა რიგი შესაბამისი ტექნიკურ-საკონსულტაციო და რისკების გაზიარების მექანიზმების მხარდაჭერა კავკასიის რეგიონში, მათ შორის, საქართველოში ეროვნული სუფთა წარმოების ცენტრის ფინანსირება, რომელიც განხორციელდა გაეროს ინდუსტრიული განვითარების ორგანიზაციისა და გაეროს გარემოს დაცვის პროგრამის მიერ. KfW-ის მიერ სბ-ისათვის გამოყოფილი სესხი მცირე ელექტროსადგურების ასაგებად, ასევე ითვალისწინებს რისკებთან დაკავშირებული მექანიზმების მხარდაჭერას.

- 2014 წელს ფონდმა მწვანე ზრდისათვის გამოყო 15 მილიონი დოლარის საკრედიტო ხაზი სბ-თვის, ენერგო ეფექტური საცხოვრისისათვის. 2015 წელს 15 მილიონი დოლარის საკრედიტო ხაზი გამოიყო თი-ბი-სი ბანკისთვის განახლებადი ენერგიების(გე)/ენერგო ეფექტურობის აქტივობების დასაფინანსებლად. და ბოლოს, გამოყოფილი იყო 5 მილიონი დოლარის საკრედიტო ხაზი რესპუბლიკა ბანკისათვის (რომელიც 2016 წელს თი-ბი-სი ბანკმა შეიძინა), საოჯახო მეურნეობებზე მწვანე კრედიტების გასაცემად.

- 2017 წელს კლიმატის გლობალურმა საპარტნიორო ფონდმა (კგსფ) 25 მილიონი დოლარის სესხი გამოუყო თი-ბი-სი ბანკს საქართველოში განახლებადი ენერგიების განვითარების ხელშეწყობის მიზნით.

წყარო: სხვადასხვა ფონდების ვებგვერდები და ბანკების წარმომადგენლებთან პირადი საუბრები.

ცხრილი 4.1 წარმოგვიდგენს საქართველოს იმ ბანკებს, რომლებმაც 2008 წლიდან სფი-ს მიერ გამოყოფილი საკრედიტო ხაზი მიიღეს.

ცხრილი 4.1. საქართველოს იმ ფინანსური ინსტიტუტების მიმოხილვა, რომლებმაც საერთაშორისო საფინანსო ინსტიტუტებისგან მიიღეს მხარდაჭერა

	ერგბ	ესბ	გმგბ	კგსფ	ფმზ	KfW	აგბ
საქართველოს ბანკი	X	X			X	X	X[a]
ბანკი რესპუბლიკა	X	X			X		
ბაზის ბანკი	X						
კრედო ბანკი	X	X					
მიკროსაფინანსო ორგანიზაცია კრისტალი			X				
პროკრედიტ ბანკი		X					
თი-ბი-სი ბანკი	X	X	X	X	X	X	X
ვი-თი-ბი ბანკი	X						

შენიშვნები: გმგბ = გერმანიის მეწარმეობის განვითარების ბანკი; კგსფ = კლიმატის გლობალური საპარტნიორო ფონდი; ფმზ + ფონდი მწვანე ზრდისთვის; KfW = Kreditanstalt für Wiederaufbau; აგბ = ავსტრიის განვითარების ბანკი. Xa - KfW -ის სეხსის თანმდევი დაუფინანსებელი რისკების განაწილების მექანიზმი.
წყარო: სფი-ს მიმოხილვები/ფონდისანგარიშების ავტორები.

საქართველოში, კლიმატთან დაკავშირებული ქმედებებისთვის ფინანსური ნაკადების უზრუნველყოფაში მიკროსაფინანსო დაწესებულებების, ინსტიტუციონალური ინვესტორების და არასაფინანსო სექტორიდან კორპორაციების როლი უმნიშვნელოა. ზოგიერთმა მიკროსაფინანსო ორგანიზაციამ, მაგალითად კრისტალმა, გარკვეულ პროგრესს მიაღწია ენერგო ეფექტური ღონისძიებებისთვის და მცირე მასშტაბების, ხშირად დეცენტრალიზებული, განახლებადი ენერგიების დანადგარებზე, სესხების გაცემაში. იგივე შეიძლება ითქვას სს პრო კრედიტ ბანკზეც. 2017 წელს ჰოლანდიის მეწარმეობის განვითარების ბანკმა მუშაობა დაიწყო მიკრო-საფინანსო ორგანიზაცია კრისტალთან მწვანე მიკროფინანსების პროგრამით.

ადგილი ჰქონდა ადგილობრივ აქციონერული ინვესტირების შემთხვევებსაც. მაგალითად, მთავრობის მფლობელობაში არსებულმა სს საპარტნიორო ფონდმა, 2016 წელს სააქციო ინვესტირება მოახდინა მწვანე საშენი მასალების წარმოებაში. თუმცა, ეს ინვესტიციები მიმართული იყო საშუალო სიდიდის და დიდ კომპანიებზე. აგრეთვე, საქართველო მონაწილეობს გლობალური ენერგო ეფექტურობისა და განახლებადი ენერგიების პროგრამაში, რომელიც აფინანსებს მწვანე ინვესტიციების განმახორციელებელ კერძო აქციონერულ ინვესტორებს.

4.4. ადგილობრივი ბანკები, რომლებიც საქართველოში მწვანე სესხებს გასცემენ

წინამდებარე თავში მოყვანილია იმ სამი ბანკის მაგალითი, რომლებიც ყველაზე აქტიურად გასცემდნენ მწვანე სესხებს საართველოში. ეს ბანკებია: თი-ბი-სი ბანკი, პრო კრედიტ ბანკი და სბ (მოცემულია ანბანის მიხედვით). სამივე მათგანი გასცემთა მსს-ისა და კორპორატიული სასესხო პროდუქტების რაღაც ნაზავს, იმისდა მიხედვით, თუ რა სიდიდის კომპანია იყო მსესხებელი. სამივე ბანკი ასევე მონაწილეობდა სფი-ის მწვანე საკრედიტო ხაზებში. თუმცა, თითოეულმა მათგანმა განსხვავებული მიდგომები გამოიყენეს მსს-ის მწვანე ფინანსების მიმართ.

- *სბ*, რომელიც საქართველოს ერთ-ერთი მოწინავე ბანკია, მომსახურების ფართო სპექტრს სთავაზობს კლიენტებს. ბანკის სერვისებით სარგებლობს 2.5 მილიონი ადამიანი, ბანკის 271 განყოფილების მეშვეობით. ჯამურად აქტივების, სესხებისა და დეპოზიტების მხრივ მას ბაზრის 35% უკავია. იგი იყენებს მულტიბრენდულ სტრატეგიას საცალო-საბანკო მომსახურებაში. ესაა: ექსპრეს და წამყვანი ფილიალები, ექსპრეს გადახდის ტერმინალები, მობილური და ინტერნეტ ბანკინგი, შედარებით შემლებული სეგმეტისთვის სოლო-ს საბანკო განყოფილებები და მიკრო/მსს-ის სეგმენტი. სბ საბანკო სერვისებს სთავაზობს თავის კორპორატიულ კლიენტებსაც. საქართველოში ეს ბანკი კორპორატიული სესხების მხრივ ლიდერია, ემსახურება რა 2 500 ბიზნეს ერთეულს სხვადასხვა სექტორებიდან, იქნება ეს ვაჭრობა, ენერგეტიკული ინდუსტრია თუ ტურიზმი. იგი ასევე არის ქვეყნის ლიდერი ვაჭრობის სფეროს ბიზნესების დაფინანსებაში და სთავაზობს სალიზინგო მომსახურებას საკუთარი შვილობილი კომპანიის - საქართველოს სალიზინგო კომპანიის - მეშვეობით. ბანკი წარმოადგენს ღია ტიპის სააქციო საზოგადოება „საქართველოს ბანკის ჯგუფი"-ს (ჯგუფი) მთავარ სუბიექტს. ჯგუფი იმ კომპანიათა რიცხვშია, რომლებიც შეყვანილია ლონდონის საფონდო ბირჟის მოწინავე სეგმენტის დარეგისტრირებული ფასიანი ქაღალდების მთავარ ბაზარზე. ჯგუფი, მის საკუთრებაში არსებული შვილობილი საინვესტიციო ბანკის, გალთ ენდ თაგარტის მეშვეობით, ასევე სთავაზობს მთელ რიგ სერვისებს საკონსულტაციო მომსახურების, სასესხო და სააქციო კაპიტალის, საბაზრო კვლევების და საბროკერო მომსახურების სახით. სბ მწვანე სესხების იდეის მთავარი მხარდამჭერი იყო საქართველოს ბაზარზე. მან სფი-გან მიიღო სხვადასხვა საკრედიტო ხაზი სესხების გასაცემად, ენერგო ეფექტურობისა და განახლებადი ენერგიების მხარდასაჭერად ერგბ, ესბ, KfW და ფონდი მწვანე ზრდისთვის).
- *თი-ბი-სი* ბანკი წარმოადგენს უნივერსალურ ბანკს, რომელიც საქართველოში ოპერირებს და ემსახურება საცალო, მსს-ის და კორპორატიულ კლიენტებს. 2016 წელს თი-ბი-სი ბანკმა შეიძინა ბანკი რესპუბლიკა სოსიეტე ჟენერალისგან, რამაც იგი უმსხვილეს ბანკად აქცია გაცემული სესხებისა და დეპოზიტების მხრივ. 2018 წელს, საქართველოს

ეროვნული ბანკის მონაცემებით, მისმა წილმა მთლიანი სესხების რაოდენობაში 38%-ს მიაღწია, ხოლო არასაბანკო დეპოზიტებში - თითქმის 39%-ს. მისი კლიენტების რაოდენობა 2 მილიონს აჭარბებს, ხოლო განყოფილებების რიცხვმა, მთელი საქართველოს მასშტაბით, 170 შეადგინა. თი-ბი-სი ბანკი დარეგისტრირებულია ლონდონის საფონდო ბირჟაზე და მისი FTSE-ის ინდექსი 250-ს შეადგენს. ბანკმა ხუთი სფი-დან მიიღო რამდენიმე საკრედიტო ხაზი, ენერგო ეფექტურობისა და განახლებადი ენერგიების ინვესტირების ხელშეწყობის მიზნით, ისევე როგორც, მწვანე ზრდის წასახალისებლად კორპორაციებსა და მსს-ში.

- *პრო კრედიტ* ბანკი საქართველოს საბანკო სექტორში ოპერირებს 1999 წლიდან. მისი ძირითადი მიზანია მსს-ის და საცალო კლიენტების დაფინანსება. პრო კრედიტ ბანკი საქართველო საერთაშორისო პრო კრედიტ საბანკო ჯგუფის ნაწილია, რომელიც ძირითადად აღმოსავლეთ და სამხრეთ-აღმოსავლეთ ევროპაში და გერმანიაში ოპერირებს. პრო კრედიტ ჰოლდინგი, რომელიც სათაო კომპანიაა, ემსახურება მსს-ის ბიზნეს-სექტორს, სთავაზობს რა მათ ფართო საბანკო მომსახურებას გერმანული „ჰაუზბანკის" პრინციპების საფუძველზე. პრო კრედიტ ჯგუფი დარეგისტრირებულია ფრანკფურტის საფოდო ბირჟის უმაღლეს სტანდარტებში. პრო კრედიტ ბანკს, საქართველოსა და პრო კრედიტ ბანკ გერმანიას შორის არსებული თანადაფინანსების პროგრამა საშუალებას იძლევა საქართველოს მსს უზრუნველყოს შედარებით შეღავათიანი საპროცენტო განაკვეთიანი მსხვილი ფინანსური საშუალებებით (750 000-დან 5 მილიონ ევრომდე). პრო კრედიტ ბანკი ძლიერ სოციალურ და გარემოსდაცვით პოლიტიკას ატარებს, გარემოს დაცვის მენეჯმენტის სისტემით. იგი პირველი ბანკი იყო, რომელმაც ISO 14001 სერთიფიკატი მოიპოვა. პრო კრედიტ ბანკი იძლევა ეკო სესხებს ენერგო ეფექტური მასალების და მოწყობილობების ინვესტირებისათვის, მსს-ის და საოჯახო მეურნეობების პროდუქტიულობისა და ეფექტიანობის გაუმჯობესების მიზნით. საცალო სესხები გაიცემა საცხოვრისის გაუმჯობესებისათვის და ელექტრო-ტრანსპორტზე გადასასვლელად, მაგრამ ამ სესხებს არ ეწოდება ეკო-სესხები. ბანკის მწვანე სესხები, მისი საერთო სასესხო პორტფელის 16%-ს შეადგენს.

სამივე ბანკი სარგებელს ნახულობს საერთაშორისო კაპიტალების ბაზარზე წვდომისა და კარგად განვითარებული მმართველობითი მოდელის შედეგად (როგორც თავისი მთავარი მეწილეების მხრიდან, ასევე საფონდო ბირჟებზე რეგისტრაციის შედეგად).

4.5. წარმატების ძირითადი ფაქტორები

სამივე ბანკი იყენებდა რამდენიმე ერთმანეთისაგან განმასხვავებელ მეთოდებს, რაც მათ საშუალებას აძლევდა წარმატებით მიეღოთ მონაწილეობა მსს-თვის მწვანე კრედიტების გაცემაში. მაღალი დონის მენეჯმენტმა და თანამშრომლებმა

მოახდინა წარმატების საერთო უმთავრესი მიზეზების იდენტიფიცირება. ესენია:

- მაღალი მენეჯმენტის დაინტერესება და მხარდაჭერა: ყველა ბანკმა, იმის გათვალისწინებით, თუ რა სარგებელი შეუძლია მოიტანოს ამ მიმართულებამ, მმართველობის მაღალ დონეზე, სტრატეგიული მხარდაჭერა გამოთქვა გარემოსდაცვითი ფინანსების ბაზრის სასარგებლოდ. ისინი აგრეთვე ჩართულები იყვნენ სფი-ის ენერგო ეფექტურობისა და განახლებად ენერგიებზე სესხების პროგრამაში. მმართველობის საერთაშორისო სტანდარტებისა და გარემოსდაცვითი და სოციალური ვალდებულებების პრინციპების მიმართ ერთგულებამ, ზემოაღნიშნულ ჩართულობასთან ერთად, სამივე ბანკს შესაძლებლობა მისცა ბაზარზე ძლიერი რეპუტაცია შეექმნათ.
- სტანდარტული საბანკო პროდუქტები: სამივე ბანკი ცდილობდა სფი-დან და დონორებისგან მიღებული დახმარება გამოეყენებინათ სტანდარტული პროდუქტების შეთავაზებაში, რომელიც მათი ძირითადი კლიენტების მოთხოვნებთან იქნებოდა მისადაგებული. იმ შემთხვევებში, როდესაც სფი-ის თითოეული სესხის მიმართ იყენებდა სესხის გაცემისა და ანგარიშგების განსხვავებულ კრიტერიუმებს, ეს სესხები სხვადასხვანაირად იფუთებოდა და უფრო შეღავათიანი, გრძელვადიანი და კლიენტზე მორგებული ხდებოდა. ამან საშუალება მისცა ბანკებს პროდუქტების სრული სპექტრი ჰქონოდათ და არ ემოქმედათ მხოლოდ როგორც შუამავლებს სფი-ის ცალკეული სესხებით ოპერირებისას.
- სპეციალურად განსაზღვრული შიდა რესურსი: სამივე ბანკს გააჩნია სპეციალურად გამიზნული მნიშვნელოვანი შიდა რესურსი ენერგო ეფექტური და განახლებადი ენერგიების პროექტების დასაფინანსებლად საქართველოს ბაზარზე. აქ იგულისხმება შეფასების შესაძლებლობები (ანუ ენერგო-დანაზოგების ჩართვა ქეშ-ფლოსა და უკუგების ანალიზის დროს). იგი ასევე მოიცავს განახლებადი ენერგიის პროდუქტების დაფინანსება, მარკეტინგს, ამ მიმართულებით დასაქმებულთა ტრეინინგებს და გარემოსდაცვით ანგარიშებს (ანუ. ენერგო დანაზოგები, სათბური გაზების ემისიების კალკულაცია).
- მასშტაბის ეკონომია: სამივე ბანკს, როგორც საქართველოს მოწინავე ფინანსურ დაწესებულებებს, კარგად ჩამოყალიბებული კლიენტების ბაზა გააჩნია. ეს მათ უზრუნველყოფს მომხმარებელთა ძლიერი და დივერსიფიცირებული ნაკადით ენერგო ეფექტური და განახლებადი ენერგიების ფინანსურ პროდუქტებზე. სექტორის ნაირსახეობიდან გამომდინარე კლიენტებიც საკმაოდ დივერსიფიცირებულია. ბანკებმა შესძლეს მიეღწიათ მასშტაბის ეკონომიისათვის საბანკო პროდუქტის შემუშავებასა და დისტრიბუციაში. სამივეს ბაზარზე ძლიერი პოზიციები უკავიათ იმისათვის, რომ კლიენტების საკრედიტო ისტორიების გამოყენებით პროდუქტის სტიმულირებას შეუწყონ ხელი. სამივე ბანკში

წარმოდგენილია საერთაშორისო კაპიტალის წილობრივი მონაწილეობა, რაც მათ საშუალებას აძლევს შეინარჩუნონ ფინანსური სიმტკიცის გარკვეული სიმყარე.

- საერთაშორისო დონორებთან თანამშრომლობა: სამივე ბანკს აქვს ძლიერი კორპორატიული მართვის რეჟიმი და საერთაშორისო წილობრივი მონაწილეობა მათ კაპიტალში. ეს უადვილებთ მათ სფი-თან თანამშრომლობას.

4.6. ძირითადი გამოწვევები

საქართველოში მცირე სიდიდის საწარმოებისათვის გრძელვადიანი სესხების სიმწირეა. ეს ძლიერ გავლენას ახდენს მათ შესაძლებლობაზე ინვესტირება მოახდინონ სუფთა წარმოების, ენერგო ეფექტურობის და მდგრადი განვითარების პროექტებში. სამი ბანკის წარმომადგენლებთან დისკუსიების შედეგად მოხდა რიგი იმ გამოწვევების იდენტიფიცირება, რაც ხელს უშლის საქართველოში მსს-ის ბაზრისთვის მწვანე ფინანსების მასშტაბების ზრდას. ეს გამოწვევები მოყვანილია ქვემოთ.

მიწოდების ასპექტები

- *მსს-ის დეფინიცია და სესხების მოცულობის სიდიდე:* საქართველოს ბანკები, რომლებიც თანამშრომლობენ სფი-თან მწვანე საკრედიტო ხაზების მისაღებად კრედიტორების შესაბამისობის განსაზღვრისას იყენებენ საერთაშორისო სტანდარტებს (იხილეთ დისკუსია მსს-ის დეფინიციებზე ზემოთ). ამის შედეგად, ფინანსური სახსრები ძირითადად მიედინება დიდი კომპანიებისკენ, რომელიც საქართველოს სინამდვილეში წარმოადგენენ კორპორაციებს (თუმცა, ისინი ევროკავშირის სტანდარტებით მსს-ს წარმოადგენენ). ამის გამო, მსს-თვის ენერგო ეფექტურობაზე გაცემული სესხების სიდიდე შედარებით მაღალი იყო (ხშირად იგი აღემატებოდა 1 მილიონ აშშ დოლარს) სბ-სა და თი-ბი-სი ბანკში. ამასთან, სესხების დიდი რაოდენობა სხვადასხვა ბიზნესმა მიიღეს, როგორც ბანკის კორპორატიულმა კლიენტებმა და არა როგორც მსს-ზმა. მსგავსი სიტუაცია იყო პრო კრედიტ ბანკთან დაკავშირებითაც. ეკო-სესხების პროგრამის ფარგლებში მსს-ზე გაცემული სესხები, რომელიც 750 000-დან 5 მილიონ ევრომდე მერყეობდა, მნიშვნელოვნად აღემატებოდა იმას, რაც მცირე ბიზნესს სავარაუდოს სჭირდებოდა. ბანკებისთვის მიმზიდველია გასცეს დიდი სესხების მცირე რაოდენობა, რაც მათ უმცირებს ტრანზაქციის ღირებულებას. ეს, თავის მხრივ, ბანკებს შესაძლებლობას აძლევს სამიზნედ განსაზღვროს უფრო კრედიტუნარიანი მომხმარებელი და პოტენციურად გაზარდოს საკუთარ კაპიტალზე უკუგება.
- *მწვანე ფინანსების ჰიდროელექტროსადგურებისკენ მიმართვის ტენდენცია:* ადრეული პერიოდის ზოგიერთი მწვანე საკრედიტო ხაზი,

რომელიც გახსნილი იყო სფი-ის მიერ (მაგ. ერგბ-ის ენერგოკრედიტები) იმგვარად იყო სტრუქტურირებული, რომ გამოყენებული ყოფილიყო როგორც განახლებად ენერგიებზე, ასევე ენერგო ეფექტურობაზე. ეს გამოწვეული იყო ენერგო ეფექტურ სესხებზე მოთხოვნის ნაკლებობით და შესაძლებელი იყო ეს საკრედიტო ხაზები გადანაწილებული ყოფილიყო წინასწარ განსაზღვრული ვადების მიხედვით. ამის შედეგად მნიშვნელოვანი სახსრები იქნა გამოყენებული არა მსს-ზე გასაცემად, არამედ ჰიდროელექტრო სადგურების პროექტებისთვის. ჰიდრო-ელექტრო სადგურები საქართველოში კერძო ინვესტიციების მნიშვნელოვან ინტერესს ხასიათდება (როგორც საშინაო, ასევე უცხოურის). ამასთან, საქართველოს ადგილობრივი ბანკებიც საკმაოდ გაიწაფნენ ამგვარი პროექტების ინვესტირებაში. ეს პროექტები მიმზიდველი გახდა მას შემდეგ, რაც შესაძლებელია გამომუშავებული ენერგიის შესყიდვაზე ხელშეკრულებების გაფორმება და სხვა, პოლიტიკის დონეზე მიღებული მხარდამჭერი ღონისძიებების შედეგად.

- *შესაძლებლობის ფასი ბანკებისთვის:* ბანკები გადაწყვეტილებების მიღებისას ხშირად უყურებენ შესაძლებლობის ფასს, როდესაც ეს გადაწყვეტილება ეხება მსს-ის სექტორისთვის მწვანე სასესხო პროდუქტების მიწოდების ხელშეწყობას. მსს-ზე სესხების გაცემისას, ბანკებს ხშირად აქვთ „ჩვეულებრივი" და მოკლევადიანი პროდუქტების მეტი არჩევანი (ანუ სტანდარტული მსს-ის დაფინანსება), რომელიც კარგი უკუგებით არის უზრუნველყოფილი და მზარდი ბაზრით ხასიათდება. ბანკები ხშირად ამჯობინებენ სამიზნედ აირჩიონ უფრო მსხვილი და მომგებიანი სეგმენტი სესხების გასაცემად (მაგ. იპოთეკური დაფინანსება, საცალო-საბანკო მომსახურებები ფიზიკური პირებისთვის). არსებობს შესაძლებლობის ფასი ინვესტირების განსახორციელებლად იმ მიმართულებით, რაც მწვანე სასესხო პროდუქტებად აღიქმება, სადაც პოტენციურ მომხმარებელთა მცირე რაოდენობა და ტრანზაქციების მაღალი ღირებულებაა. განსაკუთრებით ეს ის შემთხვევაა, სადაც შერჩევისა და ანგარიშგების უფრო მკაცრი მოთხოვნებია. ხშირად, განსაკუთრებით კი სფი-ს საკრედიტო ხაზებთან თანამშრომლობისას, ტრანზაქციის მნიშვნელოვანი ღირებულება მსს-ის მწვანე სესხებთან ასოცირდება. ეს შეიძლება მოიცავდეს უფრო კომპლექსური სესხების მიღებაზე მიმართვებს, ენერგო აუდიტებს, აპლიკაციას, ეკონომიკური მიზანშეწონილობის ანალიზს, მონიტორინგის ანგარიშებს მიღებული შედეგების შესახებ. შესწავლას საჭიროებს თუ რამდენი ბანკი აგრძელებს მწვანე სასესხო პროდუქტების შეთავაზებას, მას შემდეგ რაც, სფი-ის საკრედიტო ხაზი დაიხურა.
- *ბანკებში მწვანე პროექტების შეფასების არასაკმარისი შესაძლებლობები:* ბანკები შედარებით ნელა აღიქვამენ მწვანე სესხების ბაზრის შესაძლებლობებს. მინიმალური ენერგო-დანაზოგის კრიტერიუმის გამოყენება შესაძლოა ნიშნავდეს, რომ ქეშ-ფლოსა და საპროექტო ფინანსირების ანალიზთან ერთად, თანაბრად უნდა იქნას გამოყენებული

კრედიტის შეფასების პროცედურების მთავარი სტანდარტები. საპროექტო ფინანსირების გამოყენება, ჯერ-ჯერობით ისევ იშვიათობას წარმოადგენს საქართველოს (და სხვაგანაც) მსს-ის სექტორში. სესხის გაცემის გადაწყვეტილებას ჩვეულებრივ საფუძვლად უდევს კრედიტის გაცემაზე გადაწყვეტილების სტანდარტული კრიტერიუმები. ბანკები საწყის ეტაპზევე ცდილობენ აირიდონ რისკები, რადგან ისინი კარგად არ იცნობენ მწვანე ტექნოლოგიებს და იმ პროცესებს, რომლებიც მათ უნდა დააფინანსონ. მათ შესაძლოა ასევე არ იცოდნენ, თუ რომელი პროექტი შეეფერება მწვანე დაფინანსებას, მათი ფართო სასესხო პორტფელის ფარგლებში. აგრეთვე, ბანკებს შესაძლოა ერჩივნოთ დააფინანსონ ის პროექტები, რომლის შედეგადაც გაიზრდება მოცულობა და პროდუქტიულობა (სადაც ნათელია პოტენციური უკუგება), ვიდრე ის პროექტები, სადაც მარტივად მცირდება მხოლოდ ხარჯები. ენერგო ეფექტურ პროექტებს ხშირად სწრაფი უკუგების პერიოდი აქვთ (OeEB, 2015[8]). თუმცა კრედიტის მოკლე ვადები და მაღალი ღირებულება საქართველოში, რესურს ეფექტურობის პერსპექტივას ნაკლებად მიმზიდველს ხდის.

- *სააქციო ინვესტირების შეზღუდვები:* საჯარო და კერძო სექტორის ინვესტორები იძლევიან სააქციო ინვესტიციებს, განსაკუთრებით განახლებადი ენერგიების და ჰიდრო-ელექტრო სადგურების მსხვილი პროექტებისათვის. თუმცა, აქციები ნაკლებად ხელმისაწვდომია მცირე ზომის პროექტებისათვის, რომლებიც არაა დაკავშირებული ჰიდრო-განახლებად ენერგიებთან და ენერგო ეფექტურობასთან. ფასიანი ქაღალდების ბაზარი განუვითარებელია საქართველოში. შედეგად, ის მსს-ბი, რომლებიც ცდილობენ საკუთარი საქმიანობა მდგრადი განვითარების სექტორს დაუკავშირონ, განიცდიან ე.წ. ბიზნეს-ანგელოზების, ვენჩერული კაპიტალის ან კერძო სააქციო ინვესტორების სიმწირეს.

მოთხოვნის მხარე

- *ცოდნის ნაკლებობა მსესხებლებს შორის:* კვლევის შედეგად დადგინდა, რომ პოტენციურ მსესხებლებს შორის (განსაკუთრებით მცირე ზომის მსს-ში) ცოდნის უკმარისობაა იმ პოტენციურ სარგებელთან დაკავშირებით, რაც ენერგო ეფექტურ პროექტებში ინვესტირებას მოაქვს. ცოდნის უკმარისობას ემატება ტექნოლოგიებთან და დაფინანსებასთან დაკავშირებული რისკების ზედმეტად გაზრდილი აღქმა. მსესხებლები არ განიხილავენ კაპიტალში ინვესტირების პროგრამებს, კონკრეტულად ენერგო ეფექტურობისა და კლიმატის ცვლილების პროექტებიდან მომდინარე სარგებელთან მიმართებაში. ხშირად, ინვესტიციების განხორციელების გადაწყვეტილებისას, არ იციან აღნიშნული ინვესტიციების რეალური უკუგების პერიოდის შესახებ. ხშირად გვხვდება არასაკმარისი ცოდნა იმ თანმდევი სარგებლის შესახებ, რაც ხარისხისა და პროდუქტიულობის გაუმჯობესებას მოაქვს. მსს-ის

ინვესტიციები მწვანე ტექნოლოგიებზე ან ენერგო ეფექტურობაზე, შეიძლება ხშირად განხილული იყოს როგორც შესაძლებლობის ფასი, გაზრდილი წარმოების ან ახალი პროდუქტების შექმნის ხარჯზე. მსს-ზმა შესაძლოა არ იცოდნენ არსებული საუკეთესო პრაქტიკის ფართო სპექტრის შესახებ, რაც შეიძლება ინტეგრირებული იყოს კაპიტალურ ინვესტიციებთან ერთად და აგრეთვე ის, თუ როგორაა შესაძლებელი პროექტების ფინანსური უკუგების გაუმჯობესება.

- *სტრატეგიული და მარეგულირებელი ჩარჩოს არასრულყოფილება* მდგრადი ენერგიებისათვის ფინანსების მოთხოვნის შემზღუდველ ფაქტორად რჩება. ეროვნული ენერგო ეფექტურობის პოლიტიკის დოკუმენტების და მასთან დაკავშირებული მარეგულირებელი დოკუმენტების ნელი შემუშავება, მიღება და შესრულება, ზღუდავს მდგრადი ენერგიების ფინანსების პოტენციურ ბაზარს. დღემდე შენარჩუნებული სუბსიდიები ორგანულ საწვავზე, ასევე ხელს უშლის საინვესტიციო გადაწყვეტილებების მიღებას, თუმცა ბოლოდროინდელი ფასწარმოქმნის რეფორმა ხელს უწყობს მოთხოვნის სტიმულირებას. ეთგო-ის კვლევამ ევროკავშირის აღმოსავლეთ პარტნიორობის ქვეყნებში ენერგო სუბსიდიების შესახებ აჩვენა, რომ საქართველოში ბუნებრივი გაზის სექტორში მოხმარება მნიშვნელოვნად სუბსიდირებულია, როგორც მისი გამოყენებისას ელექტროენერგიის გენერირებისათვის, ასევე - გათბობისა და საკვების მომზადებისათვის. სუბსიდიები გამოიხატება რეგულირებული ტარიფებით, დღგ-ს გადასახადებისგან გათავისუფლებით და ბიუჯეტიდან პირდაპირი ტრანსფერებით (OECD, 2018[9]).

მატრიცა 4.2. იმ კრიტერიუმების ჩამონათვალი, რომლის მიხედვითაც პრო კრედიტ ბანკი ეკო სესხებს გასცემს

პრო კრედიტ ბანკი გასცემს ე.წ. ეკო სესხებს მსს-თვის, სხვადასხვა ტიპის ეფექტური გადაიარაღებისათვის და განახლებად ენერგიებში ინვესტიციების განსახორციელებლად. აღნიშნული ტიპის ინვესტიციების მაგალითებია:

- სამრეწველო პროცესები - ძველი მექანიზმების ან მოწყობილობების შეცვლა ან ახლის დამატებით შეძენა.
- შენობების გარსი - გარე კედლებზე/სახურავებზე/სართულებზე თბო-იზოლაციის გამოყენება და ორმაგი/სამმაგი შუშით კარებებისა და ფანჯრების მონტაჟი.
- ელექტრონული მოწყობილობები - მაღალეფექტური ელექტრო ძრავების, ახალი გასანათებელი სისტემების, A+ და უფრო მაღალი კატეგორიით შეფასებული მოწყობილობების შეძენა და სხვ.
- გამათბობლები და გამაგრილებლები - ახალი ცენტრალური გათბობის/გაგრილების სისტემების, ბოილერების, კონდიციონერების და სხვა მოწყობილობების ინსტალაცია.
- ნარჩენების მართვა - ნარჩენების სეპარირება, დახარისხება (ქაღალდი, პლასტმასი, შუშა) და სხვ.
- განახლებადი ენერგიის წყაროები - მზის გამაცხელებელი სისტემები წყლისთვის (კოლექტორები, კოლექტორები ელექტრო ვარვარით), გეოთერმული ტუმბოები ან ბიომასის ბოილერები (შეშა, პალეტები და სხვ).

წყარო: პროკრედიტ ბანკი

4.7. არსებული პოლიტიკის დოკუმენტები

უფრო მცირე სიდიდის მსს-ის ფინანსებზე გაუმჯობესებული წვდომის უზრუნველყოფა, მწვანე ინვესტირების განხორციელებისათვის რთულ საკითხად რჩება. მთავრობა შეისწავლიდა ამ გამოწვევას კლიმატთან დაკავშირებული განვითარების ჩარჩო-დოკუმენტების შემუშავებისას.

როგორც დაბალ ემისიებიანი განვითარების სტრატეგია (დეგს), ისევე ეროვნული ენერგო ეფექტურობის სამოქმედო გეგმის (ეეესგ) ჩარჩო დოკუმენტი ყურადღებას ამახვილებს დაფინანსების მექანიზმის აუცილებლობაზე, მწვანე ფინანსების მასშტაბების გაზრდის დასახმარებლად. ეს შეიძლება მოხდეს, უფრო ფართო, ეროვნულ დონეზე აყვანილი, ინვესტიციების წახალისების ღონისძიებებზე და ფინანსური ბაზრების შექმნაზე კონცენტრირებით (ამასთან, არაა აუცილებლი მსს-ზე ფოკუსირება).

ეეესგ გულისხმობს სპეციალური სააგენტოს[6] შექმნას, რომელიც დაკავებული იქნება მწვანე ინვესტიციებით. ინვესტიციები გამიზნული იქნება მწვანე ინფრასტრუქტურის შექმნაზე, ენერგო ეფექტურობაზე და განახლებად ენერგიებზე (OECD, 2018[10]). ამ ტიპის სააგენტო შემდეგი მახასიათებლების მატარებელი უნდა იყოს:

- უნდა იმართებოდეს, როგორც დამოუკიდებელი სააგენტო და არ შედიოდეს სტრუქტურულად სამინისტროს შემადგენლობაში
- უნდა გააჩნდეს გრძელვადიანი დაფინანსების პერიოდები (მაგ. ორი-სამი წლით) უფრო მეტად სტრატეგიული დაგეგმვისათვის
- ახდენდეს დონორი ორგანიზაციების კოორდინირებას
- ახდენდეს კომბინირებულ (შერეულ) ფინანსირებას, სხვა საჯარო და კერძო სექტორების ინვესტირებისათვის
- უნდა ფინანსდებოდეს საბიუჯეტო წყაროებიდან
- დროდადრო უნდა იღებდეს დახმარებას სხვა შემოსავლის წყაროებიდანაც (მაგ. ენერგო ანგარიშები, გადასახადები არაეფექტურ საქონელზე და სერვისებზე, ისეთი, როგორიცაა სატრანსპორტო საშუალებები და ჯარიმები გარემოს დაბინძურებისათვის).

დეგს-მ აგრეთვე გამოავლინა მთელი რიგი შესაძლებლობები მწვანე ფინანსების მობილიზაციისათვის, მათ შორის შემდეგი:

- კლიმატის დაფინანსების სტრატეგიის საგზაო რუქის შექმნა
- ეროვნული მწვანე საინვესტიციო ბანკის შექმნა
- კლიმატის დაფინანსების სამუშაო ჯგუფის შექმნა ბიუჯეტირების, დაგეგმვის და ანალიზის გაუმჯობესების მიზნით
- კომბინირებული (შერეული) ფინანსირების უკეთ გამოყენება
- კლიმატთან დაკავშირებული პროექტების ობლიგაციების გამოშვებით დაფინანსების შესაძლებლობის გამოკვლევა.

ნებისმიერი ტიპის ფონდებს (იქნება ეს ეროვნული საინვესტიციო ბანკი თუ სხვა დაფინანსების პლატფორმა), ნათლად უნდა ესმოდეს მსს-ის დაფინანსებასთან დაკავშირებული გამოწვევები. ერთ-ერთი საშუალებაა პარტნიორული ურთიერთობის დამყარება სააგენტოსთან „აწარმოე საქართველოში“ და კომერციული ბანკების სექტორთან (იხ. დანართი A). ამგვარმა მიდგომამ, უნდა მოახდინოს მწვანე კრიტერიუმების ჩართვა იმ არსებულ შეღავათებში, რომელიც პროგრამა „აწარმოე საქართველოში“ მსს-ის მიმართ ახორციელებს.

შენიშვნები

[1] ერგბ-ის მიერ მოწოდებული ინფორმაცია თბილისში, პოლიტიკის შესახებ დიალოგის დროს, 2019 წლის ივლისში.

[2] ევროკავშირის ტაქსონომია საშუალებაა ინვესტორთა დასახმარებლად, რათა გაიგონ, უკავშირდება თუ არა კონკრეტული ეკონომიკური საქმიანობა მდგრადი გარემოს დაცვას. ევროკავშირის ტაქსონომია მოიცავს (i) ტექნიკური სკრინინგის კრიტერიუმებს 67 აქტივობისთვის იმ 8 სექტორში, რომელსაც შეუძლია მდგრადი წვლილი შეიტანოს კლიმატის ცვლილების შერბილებაში; (ii) მეთოდოლოგიას და მაგალითებს (და ამ მაგალითების ამოხსნას), მდგრადი წვლილის შესაფასებლად, კლიმატის ცვლილების ადაპტაციაში; (iii) სახელმძღვანელოს და კონკრეტულ კვლევებს ინვესტორების მოსამზადებლად ტაქსონომის გამოყენებისათვის.

[3] საქართველოს კომერციულ ბანკებთან დისკუსიაში გამოჩნდა, რომ მწვანე სესხები ჩვეულებრივ იმავე ღირებულების მატარებლები არიან, რაც მსს-ზე გაცემული სხვა ტიპის სესხები.

[4] ზღვრული ხარჯები დაბინძურების შემცირებაზე შესაძლოა უარყოფითი იყოს, როდესაც დაბალნახშირბადიანი განვითარების სცენარი უფრო, იაფია ვიდრე ბიზნესის წარმოება არსებული პრაქტიკის შენარჩუნებით. თუმცა, ზღვრული ხარჯები დაბინძურების შემცირებაზე შეიძლება მკვეთრად გაიზარდოს, როდესაც ხდება უფრო მეტი დაბინძურების შემცირება.

[5] გარანტიების სქემა „ევროკავშირის დაფინანსება ნოვატორებისათვის“ (InnovFin) მიზნად ისახავს სესხებზე წვდომის დაჩქარებას და გაადვილებას მსს-ის ინოვაციური ბიზნესებისათვის, და 25 000-დან 7.5 მილიონ ევრომდე სესხების ფინანსირებისას ახდენს გარანტიით უზრუნველყოფას.

[6] განსაზღვრულია, რომ ეს სააგენტო იფუნქციონირებს, როგორ საზედამხედველო ორგანო, რომლის ამოცანა იქნება ქვეყანაში ენერგო ეფექტურობის საკითხების კონტროლი. საქართველოს მთავრობა ამგვარი.

გამოყენებული ლიტერატურა

EBRD/World Bank Group (2015), *The Business Environment in the Transition Region (based on the Business Environment and Enterprise Performance Survey)*, European Bank for Reconstruction and Development, London; World Bank Group, Washington, DC, https://ebrd-beeps.com/wp-content/uploads/2015/07/BEEPSV-complete.pdf. [6]

Government of Georgia (2015), *Georgia's Intended Nationally Determined Contribution*, United Nations Framework Convention on Climate Change, Bonn, http://www4.unfccc.int/submissions/INDC/Published%20Documents/Georgia/1/INDC_of_Georgia.pdf. [4]

Government of Georgia (2015), *Third National Communication of Georgia to the UN Framework Convention on Climate Change*, United Nations Development Programme, Tbilisi, https://www.ge.undp.org/content/georgia/en/home/library/environment_energy/third-national-communication-of-georgia-to-the-un-framework-conv0/. [3]

NBG (2019), *Key Macroeconomic Indicators and International Ratings*, National Bank of Georgia (database) (accessed 23 October 2019), https://www.nbg.gov.ge/index.php?m=494&lng=eng. [5]

NEEAP Expert Team (2017), *Draft National Energy Efficiency Action Plan, Report Commissioned by EBRD*, National Energy Efficiency Action Plan, Tbilisi. [1]

OECD (2018), *Inventory of Energy Subsidies in the EU's Eastern Partnership Countries*, Green Finance and Investment, OECD Publishing, Paris, http://www.oecd.org/env/inventory-of-energy-subsidies-in-the-eu-s-eastern-partnership-countries-9789264284319-en.htm. [9]

OECD (2018), *Mobilising Finance for Climate Action in Georgia*, Green Finance and Investment, OECD Publishing, Paris, https://dx.doi.org/10.1787/9789264289727-en. [10]

OECD (2016), *Environmental Lending in EU Eastern Partnership Countries*, Green Finance and Investment, OECD Publishing, Paris, https://dx.doi.org/10.1787/9789264252189-en. [7]

OeEB (2015), *Energy Efficiency Potential. Final Country Report: Georgia, Energy Efficiency Finance II TASK 1*, Development Bank of Austria, Vienna, https://www.oe-eb.at/dam/jcr:c480882f-df26-4d62-9901-d6e25e2a4ec1/OeEB-Study-Energy-Efficiency-Finance-Georgia.pdf. [8]

Winrock and Remissia (2017), *Georgia Low Emission Development Strategy Draft Report*, commissioned by the USAID-funded EC-LEDS Clean Energy Program, Winrock International and Sustainable Development Center, Little Rock, US. [2]

თა ვ ი 5. რეკომენდაციები დარგში პოლიტიკის განმახორციელებლებისათვის

ამ თავში შეჯამებულია უმთავრესი დასკვნები, რომელიც მიღებული იქნა განხორციელებული ანალიზის შედეგად. აქვეა მოცემული რეკომენდაციები, რომელიც გათვლილია საქართველოს მთავრობიდან დარგში პოლიტიკის განმახორციელებლებისათვის. სხვადასხვა გადასაჭრელ საკითხებთან ერთად, წინამდებარე თავი ეხება მაკროეკონომიკური მდგომარეობის და საინვესტიციო კლიმატის გაუმჯობესების, პოლიტიკურ და ინსტიტუციონალურ გარემოს და ფინანსებზე წვდომისა და მათი ღირებულების საკითხებს. ეს საკითხები მოიცავს დარგში არსებულ პოლიტიკასთან და მარეგულირებელ გარემოსთან დაკავშირებული ბარიერებს; ფინანსებზე წვდომისა და მათ ფასთან დაკავშირებულ პრობლემებს, ენერგიაზე ფასწარმოქმნისა და წიაღისეულ საწვავზე სუბსიდირების საკითხებს.

საქართველოში ადგილობრივი ფინანსური ინსტიტუტები მდგრადი ენერგიების ბაზრის ჩამოყალიბებას, საკრედიტო პროდუქტების განვითარების გზით, ენერგო ეფექტურობისათვის ხელშეწყობაში ხედავენ. ბანკები აგრეთვე მოზიდული კაპიტალებით გასცემდნენ სესხებს მცირე ჰიდრო პროექტების განმახორციელებლებზე. ეს დაეხმარა საქართველოს გადასულიყო უფრო მდგრად და კონკურენტუნარიანი განვითარების გზაზე. ეს ასევე ასახავს მთავრობის მიერ უფრო რესურსეფექტური და დაბალნახშირბადიანი ეკონომიკისაკენ სწრაფვას.

საერთაშორისო ფინანსური ინსტიტუტებმა (სფი) გამოყვეს მნიშვნელოვანი მოცულობის მდგრადი ენერგიების საკრედიტო ხაზი, სულ მცირე საქართველოს რვა კომერციული ბანკისა და ფინასური დაწესებულებებისათვის. ეს საკრედიტო ხაზი გამოყენებული იქნა მრეწველობის სფეროში, კომერციული კომპანიებისათვის და საოჯახო მეურნეობებისათვის კრედიტის საბოლოო მომხმარებელზე გადასაცემად, უპირველეს ყოვლისა ენერგო ეფექტურობაში ინვესტირების განსახორციელებლად.

ბაზარი ენერგო ეფექტური ინვესტიციების განხორციელებისათვის მნიშვნელოვნად უფრო დიდია, ვიდრე აღნიშნული საშუალებებია. ინვესტიციების დიდი ნაწილი მოხმარდა ძირითადად სააქციო და მცირე და საშუალო სიდიდის საწარმოებს. მიუხედავად ამისა, არ არსებობდა ერთმნიშვნელოვანი მოთხოვნა ენერგიის დაზოგვასთან ან სათბური გაზების (სგ) ემისიის შემცირებასთან დაკავშირებით.

ენერგო ეფექტიანობის განხორციელებას მსს-ს შორის მთელი რიგი უპირატესობები გააჩნია ეროვნულ დონეზე. მაგალითად, ეს შეიძლება შეეხებოდეს კონკურენტუნარიანობის გამოწვევებს, მაღალი ღირებულების წიაღისეული საწვავის შემცირების გზით. ამან, ასევე შეუძლია გააუმჯობესოს ენერგო უსაფრთხოება, წიაღისეული საწვავის იმპორტის შემცირების გზით. როგორც არ უნდა შევხედოთ ამ მოვლენას, საქართველოში პოლიტიკის განმახორციელებლები, მდგრადი ენერგიების სფეროში კრედიტების გაცემას, განსაკუთრებით - მსს-ზე, ჩვეულებრივ არ განიხილავენ მთავრობის უშუალო ჩართულობის ან მხარდაჭერის სფეროსდ.

მწვანე სესხები ჩვეულებრივ განიხილება სრულად კომერციულ ტრანზაქციად კერძო ინსტიტუციებს შორის. ამგვარი ინვესტიციები ძირითადად ხორციელდება, უპირველეს ყოვლის მათი პროდუქტიულობისა და ეკონომიკური ეფექტიანობის თვალსაზრისით. გარემოს დაცვითი ან სხვა უპირატესობებს მეორეხარისხოვანი მნიშვნელობა ენიჭება და ზოგჯერ, საერთოდ არ განიხილება. მთავრობა და საერთაშორისო ფინანსური ინსტიტუტები (სფი) უშვებენ, რომ მას შემდეგ, რაც მოხდება მოდელის დემონსტრირება და კრედიტით მოსარგებლენი მიიღებენ წმინდა დანაზოგებს ენერგოეფექტური ინვესტიციებიდან, ენერგო ეფექტურ ფინანსების ბაზრის დინამიკა დამოუკიდებელი უნდა გახდეს. ამ ეტაპზე, მწვანე ფინანსების ბაზარი საქართველოში არ განვითარდა ისე სწრაფად, როგორც ამას ელოდნენ.

წინამდებარე ანგარიში წარმოაჩენს რამდენიმე ბარიერს, რაც ხელს უშლის დინამიური ბაზრის განვითარებას. ანგარიში მოიცავს აღნიშნულ სფეროში მოქმედ პოლიტიკასთან დაკავშირებულ საკითხებს და მარეგულირებელ გარემოს, რომელიც საჭიროებს გაუმჯობესებას; ესაა ფინანსებზე წვდომისა და მათი ღირებულების საკითხები, ენერგიაზე ფასწარმოქმნის და წიაღისეული საწვავის სუბსიდირების მახინჯი პრაქტიკა და საქართველოში კლიმატთან დაკავშირებული საკითხების უფრო ფართო ინვესტირების აუცილებლობა. პოლიტიკის გამტარებლებს შეუძლიათ წაახალისონ აღნიშნული ბარიერების უმეტესობის დაძლევა, რაც უფრო დეტალურადაა აღწერილი ქვემოთ.

5.1. გარემოს დაცვის პოლიტიკის და რეგულაციების გაძლიერება

პოლიტიკასთან დაკავშირებულმა რამდენიმე რეფრმამ ხელი შეუწყო მდგრად ენერგიებს, კლიმატურ და გარემოს დაცვის მახასიათებლებს და, უფრო ფართოდ, მწვანე ზრდას. მიუხედავად ამისა, მნიშვნელოვანი სამუშაოა გასატარებელი იმ კანონებისა და რეგულაციების ბოლომდე მისაყვანად, რომლებიც გააძლიერებენ მოთხოვნას მწვანე ფინანსებზე, კერძოდ, მსს-ის მხრიდან. დეტალურად ეს მოყვანილია ქვემოთ:

- *გარემოს დაცვის კანონმდებლობის გაძლიერება:* კანონმდებლობა, რომელიც დაკავშირებულია „მესამე ენერგეტიკულ პაკეტთან“ და ეკ-ის სხვა დირექტივებთან, ენერგეტიკული თანამეგობრობის კანონებთან ერთად, უნდა იქნას დასრულებული და მიღებული საკანონმდებლო დონეზე. მიუხედავად იმისა, რომ პირველადი კანონმდებლობა მნიშვნელოვანია, იგი არაა საკმარისი. მთავრობამ მხარი უნდა დაუჭიროს ტექნიკურ განხორციელებას ქმედითი რეგლამენტების და დამხმარე პროგრამების შემუშავებით. ამბიციურ ენერგო ეფექტური სტანდარტებს ენერგო მომხმარებელი მოწყობილობებისთვის, ტრანსპორტისა და შენობებისთვის კანონიერი ძალა უნდა მიეცეს და ეტაპობრივად შესრულდეს. ტექნიკური დახმარების სხვა საკითხებია: ენერგო ეფექტურობასთან დაკავშირებული ცოდნის ამაღლება, ენერგო მენეჯმენტის სისტემების სტიმულირება (მაგ. ISO 50 000 სერიის სტანდარტები, International Performance Measurement and Verification Protocol) და ენერგო აუდიტის განხორციელება, როგორც ენერგეტიკული სერვისების შემადგენელი ნაწილი. მთავრობამ ასევე უნდა გაითვალისწინოს სუფთა ენერგეტიკული ინდუსტრიის სტრატეგიის შემუშავება, რათა ხელი შეუწყოს ადგილობრივი ტექნოლოგიებისა და სერვისების წახალისებას.
- *მსს-ის, კლიმატისა და მათთან რელევანტურ სექტორებში არსებული პოლიტიკების ურთიერთთავსებადობის უზრუნველყოფა:* როგორც ზემოთ იყო აღნიშნული, საქართველოს აქვს მზარდი და კომპლექსური ჩარჩო (პოლიტიკის დოკუმენტები, სტრატეგიები და განსახორციელებელი პროგრამები), როგორც მწვანე ზრდისთვის, ასევე მსს-ის განვითარებისათვის. მთავრობისთვის აუცილებელია მოახდინოს

განახლებად ენერგიებთან, ენერგო ეფექტურობასთან სგ-ის ემისიების შემცირებასთან დაკავშირებული პოლიტიკის დოკუმენტების და მიზნების ურთიერთდაკავშირება და ინტეგრირება. მას აგრეთვე ესაჭიროება უზრუნველყოს ამ მიზნების თავსებადობა და მათი ასახვა უფრო ფართო განვითარების მიზნებში და სექტორულ პროგრამებში, განსაკუთრებით მაშინ, როდესაც ეს ეხება მსს-ის მხარდაჭერას.

- *გარემოს დაცვის რეგულაციებისა და მათი აღსრულების მექანიზმების გაძლიერება:* სუსტი გარემოს დაცვის რეგულაციები და მათი აღსრულების მექანიზმები (მაგ. ემისიებთან, ნარჩენებთან, დაბინძურებასთან, შენობებთან, ტრანსპორტთან დაკავშირებით) მსს-ში იწვევს სტიმულის შემცირებას, რათა კონცენტრირება მოახდინონ ეკოლოგიურ მახასიათებლებზე და, ამასთან ამცირებს მოთხოვნას ფინანსურ საშუალებებზე. ქართული საწარმოები, პატარებიდან დიდებამდე, თვლიან, რომ მკაცრი გარემოს დაცვის პოლიტიკები, აღსრულების უკეთესი მექანიზმები, არის ყველაზე მნიშვნელოვანი ბერკეტი, რაც გავლენას იქონიებს საინვესტიციო გადაწყვეტილებაზე. ამგვარი გადაწყვეტილებების მიღებისას, ყოველთვის ყურადღების ცენტრში იქნება, მაგალითად, რესურს ეფექტურობა და სუფთა წარმოების ღონისძიებები (OECD, 2018[1]).
- *დაბეგვრისა და სხვა სტიმულირების მექანიზმების შემუშავება:* ეკონომიკისა და მდგრადი განვითარების სამინისტრომ ფინანსთა სამინისტროსთან ერთად უნდა განიხილოს შემდგომი საგადასახადო სტიმულები, რაც ხელს შეუწყობდა ინვესტიციების განხორციელებას გარემოს დაცვის მიმართულებით. ეს გულისხმობს დაჩქარებულ ამორტიზაციას და გადასახადის შემცირებას იმ მოწყობილობებზე, რომელიც იყენებს განახლებად ენერგიას და ენერგო ეფექტურია, აგრეთვე შესაძლებელია კორპორატიული საგადასახადო შეღავათის შემოღება გარემოს დაცვით ინვესტიციებზე.
- *მწვანე ინვესტიციების ხელშეწყობა მსს-ის მეშვეობით.* მთავრობა სხვადასხვა საქონლისა და მომსახურების შეძენაზე ხარჯავს საქართველოს მთლიანი შიდა პროდუქტის 18.4%-ს (World Bank, 2017[2]). ფაქტიურად, საქართველოს სახელმწიფო შესყიდვების სააგენტო უკვე განიხილავს გარემოს დაცვისა და ენერგო მახასიათებლების კრიტერიუმების ინტეგრირებას სახელმწიფო შესყიდვების შესახებ კანონში. მთავრობამ აგრეთვე უნდა განიხილოს მსს-ის კომპეტენცია, რათა ისინიც ჩართონ შესყიდვების სისტემაში. ამ პროცესის შედეგად, უზრუნველყოფილი უნდა იყოს ის, რომ მსს-მა უკეთ შეძლონ შევიდნენ კონკურენციულ ბაზრებზე, მდგრადი საქონლისა და სერვისების მიწოდებით (OECD, 2016[3]), (Singh, 2016[4]).
- *ენერგიაზე ფასის განსაზღვრის რაციონალიზაცია:* საქართველოში, შედარებით დაბალი ფასები ენერგიაზე პოზიტიურად აისახება ეკონომიკის განვითარებაზე. თუმცა, ეს იწვევს სტიმულების შემცირებას,

რათა მსს-ებმა ინვესტირება განახორციელონ რესურს- და ენრგო ეფექტურობაში და განახლებად ენერგიებში. 2017 წელს მთავრობამ შესწორება შეიტანა საგადასახადო კოდექსში და გაზარდა გადასახადები წიაღისეულ საწვავზე. ამასთან, ხორციელდება ბუნებრივი გაზის სუბსიდირება ელექტრო და თბო გენერაციაში, თუმცა იმაზე ნაკლებად, ვიდრე ამას აკეთებენ რეგიონის სხვა ქვეყნები. მთავრობა უნდა იყოს თანმიმდევრული ენერგიაზე ფასდადების რეფორმებში. ეს გულისხმობს ენერგიაზე ტარიფის სტრუქტურაში სოციალური დაცვის მექანიზმის ინტეგრირებას, უღარიბეს და ყველაზე მოწყვლად მომხმარებელთათვის. დამატებითი სოციალური დაცვის ზომები, რომელიც დაეფუძნება შემოსავალებს, შემოღებული უნდა იყოს ე.წ. კეთილდღეობის სისტემის მეშვეობით. ეს შესაძლებელს გახდიდა თავიდან ყოფილიყო აცილებული გაურკვევლობა და დამახინჯებული ფასები ენერგიის გამოყენებასთან დაკავშირებით.

5.2. მსს-ის როლის განსაზღვრა "მწვანეზე" გარდამავალ პერიოდში

ენერგო და მდგრადი განვითარების სტრატეგიების შემუშავებისას, პოლიტიკის გამტარებლები, დაფინანსებისა და განხორციელების პროცესში, ხშირად ყურადღებას ამახვილებენ უფრო დიდი კომპანიების და ბანკების როლზე. პოლიტიკის გამტარებლებმა უფრო ნათლად უნდა გაითვალისწინონ მსს-ის როლი ეროვნული მიზნების განსაზღვრისას. ეს მიზნები უნდა მოიცავდეს როგორც ენერგო ეფექტურობასთან, ასევე უფრო ფართოდ რესურსების ეფექტურობასთან დაკავშირებულ საკითხებს:

- *მწვანე ფინანსირების სტრუქტურის შემუშავებისას მსს-ის მნიშვნელობის უკეთ გათვალისწინება:* გაურკვეველია რა დონეზე იყო გათვალისწინებული შედარებით პატარა მსს-ბი ეროვნული ენერგო ეფექტურობის სამოქმედო გეგმის (ეესგ) და დაბალი ემისიებიანი განვითარების სტრატეგიის (დეგსგ) შემუშავებისას. ამ ტიპის საწარმოების პრობლემები და გამოწვევები უფრო კარგად უნდა იყოს გათვალისწინებული მომავალი პოლიტიკის დოკუმენტების შემუშავებისას. იგი უნდა მოიცავდეს, მაგალითად, ეესგ-ის და დეგსგ-ის გადახედვას და მწვანე ეკონომიკის სტრატეგიის და ეროვნულად განსაზღვრული წვლილის (ეგწ) შემუშავებას. ეს შესაძლებელს გახდიდა გარკვეული დონის კოორდინაციას და კავშირს პოლიტიკის დოკუმენტების შემუშავებისას.
- *მსს-ის როლის გააზრება ეროვნული პოლიტიკებისა და მიზნების განსაზღვრისას:* საქართველოს განსაზღვრული აქვს ქვეყნის კლიმატისა და მდგრადი განვითარების მიზნები ასახოს მთელ რიგ სახელმწიფო და კერძო სტრატეგიებში. ადგილობრივ დონეზე ეს გულისხმობს მუნიციპალური განვითარების მხარდამჭერ ორგანიზაციას, ევროპის რეკონსტრუქციისა და განვითარების ბანკის მწვანე ქალაქების ჩარჩოს და აზიის განვითარების ბანკის თბილისის მდგრადი ურბანული

ტრანსპორტის პროგრამას. ამ ტიპის პროგრამებში მსს-ის მონაწილეობა ერთმნიშვნელოვნად უნდა იყოს გათვალისწინებული.

- *მსს-ის დაფინანსებასთან დაკავშირებული საკითხების უკეთ შეფასება,* როგორც მწვანე განვითარებაზე გადასვლის ნაწილი. აუცილებელია უფრო ნათელი შეფასების გაკეთება იმასთან დაკავშირებით, რომ ეესგ-ში, დეგსგ-ში და ეგწ-ში კლიმატთან დაკავშირებული დაფინანსების საკითხები არასაკმარისადაა შეფასებული. ეს გამოავლენდა იმას, თუ საჭირო ფინანსების რა პროცენტული თანაფარდობა უნდა იყოს მოზიდული საჯარო და კერძო სექტორიდან და რა სახსრები უნდა გაიღოს მსს-მა. ეს განსაკუთრებით მნიშვნელოვანია პრიორიტეტების განსაზღვრისთვის ენერგო ეფექტურობას, შენობების განახლებასა და მცირემასშტაბიან განახლებად ენერგიის წყაროებს შორის.

5.3. მსს-თვის ფინანსებზე უფრო ფართო წვდომის გაუმჯობესება

მწვანე ინვესტიციები ვერ განხორციელდება ვიდრე საქართველოში მსს-ბი მწვანე ფინანსებზე წვდომისას დიდ გამოწვევებს აწყდებიან. იმისათვის, რომ სარგებელი ნახონ ღრმა და ყოვლისმომცველი თავისუფალი ვაჭრობის შეთანხმებიდან გამომდინარე საექსპორტო შესაძლებლობებიდან, საქართველოს მსს-ს ესაჭიროებათ ინვესტიციების განხორციელება საკუთარი ბიზნესის მოდერნიზაციაში, კონკურენტუნარიანობის ასამაღლებლად. რეკომენდაციები მსს-ის განვითარების სტრატეგიის მიმართ მოიცავს 5 პრიორიტეტულ ქმედებას: 1. შესწორებების შეტანა საჯარო გრანტების შესახებ არსებულ იურიდიულ ჩარჩოში; 2. სესხების შეთავაზების მხარესთან დაკავშირებული უნარების გაუმჯობესება, რათა ხელსაყრელად იქნას გამოყენებული რეგიონში წარმოდგენილი ბანკები; 3. სესხების მომთხოვნი მხარისათვის ფინანსური საგანმანათლებლო პროგრამების შეთავაზება და სამიზნე ჯგუფებად მსს-ის განსაზღვრა; 4. საკრედიტო-საგარანტიო სქემების შემუშავება, როგორც რისკების განაწილების მექანიზმი და 5. მსს-ის ალტერნატიული არასაბანკო და ფასიანი ქაღალდების ემისიით დაფინანსების მექანიზმების დახვეწა.

- *შესწორებები ლეგალურ ჩარჩოში გრანტების შესახებ:* საქართველოს ესაჭიროება შესწორებების შეტანა იმ კანონებში, რომლებიც არეგულირებენ საჯარო გრანტების უზრუნველყოფის საკითხებს. შესწორებების შეტანა კანონში გრანტების შესახებ (სპ, 1996), წინაპირობას წარმოადგენს მსს-ის მხარდამჭერი ეფექტური პოლიტიკების შესამუშავებლად, რომელსაც ახორციელებენ საქართველოს მეწარმეობის განვითარების სააგენტო (აწარმოე საქართველოში), საქართველოს ინოვაციებისა და ტექნოლოგიების სააგენტო (სიტს) და სხვა ინსტიტუციები და მიზნად ისახავს ფინანსური მხარდაჭერის აღმოჩენას იმ კომპანიებისათვის, რომლებიც სიძნელეებს განიცდიან საქართველოში საბანკო სესხის მიღებისას.

- *საბანკო შესაძლებლობების გაუმჯობესება მსს-თან მიმართებაში:* საქართველომ უნდა გააუმჯობესოს საკუთარი საბანკო სექტორის შესაძლებლობები, რათა მათ მსს-ს უკეთესი მომსახურება შესთავაზონ. მთავრობამ პარტნიორული ურთიერთობა უნდა დაამყაროს ისეთ დაინტერესებულ მხარეებთან, როგორიცაა საქართველოს ეროვნული ბანკი და საქართველოს ბანკების ასოციაცია, რათა შეიმუშაოს ქვეყნის მასშტაბებზე გათვლილი შესაძლებლობების განვითარების პროგრამები მსს-ის დაფინანსებისთვის. ეს შეიძლება გაკეთდეს სერთიფიცირების პროგრამების მეშვეობით. ამასთან, რისკების მართვის კურსები, შესაძლებელს გახდის გამოვლენილი იქნას მსს-თან დაკავშირებული ფუნდამენტური რისკები და მათი მართვის მექანიზმები. მაგალითად, საკრედიტო ქულების საფუძველზე შესაძლებელია შეფასდეს მსესხებლის კრედიტუნარიანობა. მეტიც, ბანკების მსს-თან დაკავშირებული დეპარტამენტების მენეჯერებისათვის შესაძლებელია დისკუსიების ორგანიზება, რათა გაზიარებული იქნას ამ სფეროში არსებული საუკეთესო პრაქტიკა.
- *სესხების მომთხოვნი მხარისათვის ფინანსური საგანმანათლებლო პროგრამების შეთავაზება* და სამიზნე ჯგუფებად მსს-ის განსაზღვრა. საქართველომ უნდა განახორციელოს სწორი საგანმანათლებლო ინიციატივები ფინანსების სფეროში, რათა მოხდეს მეწარმეთა უნარების გაუმჯობესება ამ კუთხით. ეს დაეხმარებოდა ინფორმაციის ასიმეტრიულობის შემცირებას მსს-სა და სესხის გამცემებს შორის, და ამგვარად შეამცირებდა შესაძლო რისკებს, რაც ამ უკანასკნელმა შეიძლება მიიღოს. მსს-ს ესაჭიროებათ უფრო მეტი ცოდნა ბაზარზე არსებული ფინანსური პროდუქტების შესახებ, ასევე ის, თუ როგორ შექმნას სანდო ბიზნეს-გეგმები და მყარი ფინანსური ანგარიშები სესხებზე მიმართვისათვის. „აწარმოე საქართველოში“ გადადგა რამდენიმე პოზიტიური ნაბიჯი ამ მიმართულებით. ეს გულისხმობს ფინანსური სატრენინგო მასალების ბიბლიოთეკის, ცალკე მსს-ის ქეისის, ბიზნეს ადმინისტრირების საზაკალავრო მინი-კურსის შექმნას საკუთარი ბენეფიციარებისათვის. შემდგომი დახმარება შესაძლებელია ორგანიზებული იქნას რეგიონალური სავაჭრო პალატების მიერ და საქართველოს ეროვნული ბანკისა და ბანკების ასოციაციის სავარაუდო მონაწილეობით.
- *საკრედიტო-საგარანტიო სქემების (სსს) გაფართოება:* საქართველოს მთავრობამ ცოტა ხნის წინ წარმოადგინა ახალი საკრედიტო გარანტირების სქემა (სგს), რათა ხელი შეუწყოს მსს-ზის ფინანსურ ჩართულობას და უპასუხოს სესხების უზრუნველყოფის რთულ მოთხოვნებს. ამ პროექტის ბიუჯეტი საკმაოდ მწირია, მაგრამ ეს მხოლოდ პირველი ფაზაა და სქემა სამომავლოდ დარეგულირდება და გაიზრდება. სსს მუშაობს, როგორც რისკების გადანაწილების მექანიზმი გამსესხებლებს (ბანკები), მსესხებლებს (მსს) და გარანტიის გამცემებს (სახელმწიფო ან კერძო სტრუქტურა) შორის. სსს ეფექტურად ქმნის

საბაზრო პრინციპებზე დაფუძნებულ წამახალისებელ მექანიზმებს ბანკებისთვის, იმისთვის, რომ მათ დააფინანსონ მეტი მსს-ზი. მოსალოდნელი რისკების შემცირებით, სავარაუდოა, რომ ბანკები მოითხოვენ ნაკლებ გარანტიებს და მსს-ზე გასაცემ სესხებზე საპროცენტო განაკვეთებიც დაიკლებს. შედეგად, უფრო მეტი კრედიტები იქნება გაცემული მსესხებლებზე, ვიდრე ეს შესაძლებელი იყო სსს-ის გარეშე.

- *მსს-ის ალტერნატიული არასაბანკო და ფასიანი ქაღალდების ემისიით დაფინანსების მექანიზმების დახვეწა:* ვენჩერულ კაპიტალთან დაკავშირებული გარემო საქართველოში შესაძლებელია დამატებით გაუმჯობესდეს, რათა მოხდეს პატარა და დინამიურად განვითარებადი ბიზნესებისათვის კაპიტალზე წვდომის გაუმჯობესების წახალისება. შესაძლებელია ფონდების დაფუძნება, რათა მათ იმოქმედონ კატალიზატორად კერძო კაპიტალისათვის და უზრუნველყონ მაღალი ზრდის პოტენციალის მქონე მსს-ზი პირველი ინვესტიციებით. მთავრობას შეუძლია შეიმუშაოს სქემები ვენჩერული კაპიტალის და პირველი ინვესტიციების წასახალისებლად საქართველოს მსს-თვის. ამგვარმა სქემებმა შეიძლება უზრუნველყონ დამატებითი ეკონომიკური ეფექტი ფონდების ადრეულ სტადიებზე. კერძო ბაზრების ჩამოყალიბებასთან ერთად საჯარო სექტორის ჩართულობა შეიძლება ეტაპობრივად შეწყდეს. მთავრობას აგრეთვე შეუძლია წაახალისოს აქტივებზე დაფუძნებული დაფინანსების ალტერნატიული ფორმები. ეს შეიძლება იყოს ლიზინგი და ფაქტორინგი (ანუ, დებიტორული ანგარიშების მესამე პირებზე გაყიდვა). დამატებით, ამას შეუძლია აამაღლოს საინვესტიციო შესაძლებლობების შესახებ ცოდნა და ხელი შეუწყოს ე.წ. „ანგელოზი-ინვესტორების" ქსელის ჩამოყალიბებას, რაც უზრუნველყოფს საექსპერტო შეფასებას და კაპიტალს, ცალკეულ შემთხვევებში.

5.4. მსს-თვის საქართველოში მწვანე ფინანსებზე წვდომის და მათი მიღების პირობების გაუმჯობესება

მსს-ზი აწყდებიან მნიშვნელოვან ბარიერებს თავიანთ მცდელობაში ჰქონდეთ წვდომა მწვანე ფინანსებზე. ბარიერები დაკავშირებულია საპროცენტო განაკვეთების სიდიდესთან, ვადებთან და საგარანტიო მოთხოვნებთან. არსებობს რამდენიმე ალტერნატივა რასაც შეუძლია გააუმჯობესოს მწვანე ფინანსებზე წვდომა და ამ ფინანსებით სარგებლობის პირობები.

- *ახალი მწვანე ფინანსური ინსტრუმენტების გამოვლენა:* საქართველომ უნდა გამოავლინოს შეღავათიანი მწვანე სახსრები/ფონდები, რათა ხელი შეუწყოს გარემოსდაცვითი ფინანსებით სარგებლობის უფრო ფართო წვდომას და გაუმჯობესებულ პირობებს მსს-თვის. დეგს-ის და ეესგ-ისე მიხედვით, ამგვარმა ფონდებმა უნდა უზრუნველყონ პირდაპირი მწვანე ინვესტიციები პროექტებისათვის (მაგ. ნაწილობრივი გრანტი

თანადაფინანსებისათვის შეზღუდული საბაზრო სეგმენტისთვის). ალტერნატივის სახით, მათ შეუძლიათ შესთავაზონ უფრო კარგი ხარისხის კრედიტები, ისეთი როგორიცაა შერეული ფინანსირება, უფრო დაბალი განაკვეთით და ხანგრძლივი ვადით. მათ შეიძლება შესთავაზონ რისკების შერბილების მექანიზმები მწვანე კრედიტების პორტფელისთვის, ისეთი როგორიცაა ე.წ პირველი დანაკარგის და ნაწილობრივი საკრედიტო გარანტიები. ამგვარი ტიპის გარანტიები არსებულ კომერციულ ბანკებს შესაძლებელია მიეწოდოს მესამე მხარის მიერ, ისევე, როგორც მიკროსაფინანსო ინსტიტუტებს, რათა მოხდეს ფინანსებზე წვდომის გაფართოება.

- *მსს-თვის მწვანე ფინანსების წყაროების გაფართოება:* პატარა სიდიდის მსს-ზი იბრძვიან სფი-დან მწვანე კრედიტების მისაღებად. მთავრობამ უნდა იზრუნოს მწვანე ფინანსების მიღების სხვა საშუალებებზეც (მაგ. მიკროსაფინანსო ორგანიზაციები). ამგვარ წყაროებს კარგი სადისტრიბუციო ქსელი გააჩნიათ, მაგრამ მაღალია ფინანსების ფასი, ხოლო ვადები პატარაა. შეღავათიანი სალიზინგო პირობები მწვანე/ენერგო ეფექტურ მოწყობილობებზე და ენერგო სერვისების კომპანიის მოდელებზე, ასევე დაეხმარება მსს-ზს სესხის უზრუნველყოფის და კაპიტალთან დაკავშირებული ბარიერების გადალახვაში.
- *შეღავათიანი პირობების მიცემა:* იმ პირობებში, როდესაც სფი-ზი მოწადინებულები არიან არ მოახდინონ ენერგო ეფექტურობისა და განახლებადი ენერგიების დაფინანსებაზე გამიზნული კომერციული სესხების ბაზრის დეფორმირება, თავად ფინანსების ღირებულების საკითხი გადაუჭრელ პრობლემად რჩება. სფი-ებმა უნდა გაითვალისწინონ დიფერენცირებული ფასდადების სისტემის წახალისება მწვანე სასესხო პროდუქტებზე. სადაც ეს შესაძლებელი იქნება, სფი-ზმა უნდა წაახალისონ ადგილობრივი სავალუტო სესხებზე დაფუძნებული მწვანე ინვესტიციები, რათა შეამციროს პოტენციური ზარალის რისკი მსს-ის ინვესტირებისას ენერო ეფექტურ და განახლებადი ენერგიის მიმართულებით.
- *არსებული ინსტიტუციონალური სტრუქტურების გამოყენება მსს-სთვის დაფინანების უზრუნველსაყოფად:* საჯარო ფინანსებისა და საჯარო იურიდიული პირების როლი შესაძლებელია გაფართოვდეს და მათ შეითავსონ მწვანე უფლებამოსილებები. ამგვარ სტრუქტურებს უნდა გაუადვილდეთ წვდომა უფრო პატარა სიდიდის მსს-თან. ეს შესაძლებელია გაკეთდეს მათი საკუთარი პროგრამებით ან ადგილობრივ ფინანსურ ინსტიტუტებთან პარტნიორობით, საოპერაციო ხარჯების შემცირების მიზნით. პოტენციურად ამგვარ სტრუქტურებად შესაძლებელია გამოვიდნენ სს „საპარტნიორო ფონდი“, სს „საქართველოს ენერგეტიკული განვითარების ფონდი“ ან „აწარმოე საქართველოში“. თუმცა, პირველ ორს შესაძლოა არ ჰქონდეთ საკმარისი მასშტაბები, რათა

გადაამისამართონ ფინანსური ნაკადები კლიმატისა და მწვანე ზრდის პროექტებში. ესაა განსაკუთრებით იმ სექტორის ქეისი, რომელიც განიცდის ფინანსებზე წვდომის სიძნელეებს ან როგორიცაა მსს-ის ტიპის კომპანიები. მთავრობის გადაწყვეტილება უნდა ეფუძნებოდეს შესაბამისი სტრუქტურების ანალიზს. ამისათვის მთავრობამ უნდა შეაფასოს, არსებული ორგანიზაციებიდან, რომელ დამფინანსებელ ერთეულს შეუძლია თავი მოუყაროს მცირე პროექტების დიდ რაოდენობას, რათა შეამციროს რისკები, საოპერაციო ხარჯები და მოიპოვოს წვდომა საერთაშორისო ფინანსებზე.

- *„აწარმოე საქართველოში" როლის გამოვლენა:* შესაძლებელია, რომ „აწარმოე საქართველოში" წარმოადგენს ყველაზე საჭირო რგოლს, რომელსაც შეუძლია გაზარდოს საქართველოში მწვანე ინვესტიციები. მას აქვს ჩამოყალიბებული ქსელი იმისათვის, რომ თავი მოუყაროს შედარებით პატარა მასშტაბის კომპანიებს მთელს ქვეყანაში. ემგს-ს და „აწარმოე საქართველოში" შეუძლიათ იმუშაონ ადგილობრივ ფინანსურ ინსტიტუტებთან იმისათვის, რომ მსს-თვის ფინანსური დახმარების პირობებში მოხდეს სუფთა წარმოებისა და რესურსეფექტურობის გათვალისწინება. შესაძლოა მოხდეს ბანკების წახალისებაც, რათა მათ გადაწყვეტილებებში კრედიტების გაცემის შესახებ, მოხდეს გარემოს დაცვითი კრიტერიუმების გამოყენება. ემგს-მ და „აწარმოე საქართველოში" უნდა განიხილონ მსს-ის გრანტებით უზრუნველყოფის საკითხი. უნდა მოხდეს რესურსეფექტურობის იდენტიფიცირებისა და შესრულების, გარემოს დაცვითი მენეჯმენტის სისტემის ან სხვა გარემოს დაცვაზე ორიენტირებული ღონისძიების საკონსულტაციო/აუდიტის ხარჯების ნაწილის დაფარვა. ამგვარი გრანტები უნდა გაიცეს კონკურენტული პროცესის საფუძველზე და უნდა ფარავდეს მთლიანი ხარჯების არაუმეტეს ნახევარს.

5.5. საქართველოს ეკონომიკაში მწვანე ფინანსებზე საერთო წვდომის შეფასება

როგორც საქართველოს მდგრადი განვითარების სტრატეგიის ნაწილი, მსს-ის მხარდასაჭერად აუცილებელია მნიშვნელოვანი ცვლილებები როგორც საჯარო, ასევე კერძო სექტორის მწვანე ინვესტირებაში, რაც ნაბიჯ-ნაბიჯ უნდა განხორციელდეს. ამისათვის, საქართველოს მთავრობამ ეს ქმედება უნდა განიხილოს პარტნიორებთან და ადგილობრივ ფინანსურ ინსტიტუტებთან ერთად, რათა ეტაპობრივად მიღწეული იქნას ზევრად გაფართოებული წვდომა გარემოსდაცვით ფინანსებზე.

- *მწვანე საბანკო რეგულაციების კვლევა:* საქართველოს მთავრობამ უნდა გაანალიზოს არსებული და შეიმუშაოს ახალი მწვანე საბანკო რეგულაციები, რათა დაიხვეწოს მდგრადი სესხებისა და აქტივების მართვის მიმართულება ადგილობრივ ფინანსურ ინსტიტუტებს შორის. ამის განხორციელების რამდენიმე გზა არსებობს. უნდა მოხდეს უკეთესი სტრუქტურის იდენტიფიცირება და „მწვანე" და „ყავისფერი" აქტივების

კლასიფიკაცია, „ევროკავშირის მდგრადი ქმედებების ტაქსონომიის“ მიხედვით. უკეთესი რეპორტინგისა და კვლევების სისტემის დანერგვა ხელს შეუწყობს მაღალ ნახშირბადიანი აქტივების და კლიმატური რისკების აღმოჩენას. გრძელვადიან პერსპექტივაში, მთავრობამ აგრეთვე უნდა განიხილოს მწვანე აქტივების პრეფერენციული რეჟიმი, მაგალითად, სარეზერვო კაპიტალზე დიფერენცირებული მოთხოვნები. სებ-ის უკანასკნელი „მდგრადი ფინანსების გზამკვლევი“ (NBG, 2019[5]) ამ მიმართულებით გადადგმული ნაბიჯია. გზამკვლევი და სამოქმედო გეგმა 2022 წლამდე განიხილავს რამდენიმე ღონისძიებას. ეს ღონისძიებები მოიცავს მდგრადი ფინანსების ტაქსონომიის შემოღებას და კომერციული ბანკებისა და ფასიანი ქაღალდების ბაზრის შესაბამის კორპორატიული მართვის კოდექსში გარემოს დაცვის, სოციალური და მმართველობითი კომპენსაციების ინტეგრირებას. უნდა მოხდეს აღნიშნული ზომების პრაქტიკულ ქმედებებში და ტექნიკური მხარდაჭერის მექანიზმებში ტრანსფორმირება. ამის შედეგად, უნდა მოხდეს ფინანსური ბაზრის „გამწვანება“, გამჭვირვალობისა და საბაზრო დისციპლინის გაუმჯობესება.

- *მწვანე ბონდების ემისია:* საქართველომ უნდა მოახდინოს მწვანე ბონდების ბაზრის განვითარება, რაც პოტენციურად სასარგებლო იქნება მსს-ის განვითარებისათვის. მთავრობას (სფი-ის დახმარებით) შეუძლია მწვანე ბონდების ემისია განახორციელოს და წაახალისოს ადგილობრივი და საერთაშორისო ინვესტორები (მაგ. საპენსიო ფონდები) განახორციელონ გრძელვადიანი ინვესტიციები. ამგვარად შესაძლებელია ფონდების მოზიდვა მწვანე პროექტებისათვის და პოტენციურად - მსს-ის სექტორისათვის. საქართველოს მთავრობამ და საქართველოს ეროვნულმა ბანკმა უნდა შეიმუშაონ მწვანე ბონდების სტანდარტები ან გამოიყენონ ის სტანდარტები, რომელიც სხვა ქვეყნებშია.
- *საერთაშორისო და ადგილობრივი კაპიტალების რესურსების გაერთიანება:* მაკრო დონეზე მთავრობამ უნდა გაითვალისწინოს ეროვნული და საერთაშორისო კლიმატისა და გარემოს დაცვითი ფონდების გაერთიანება. ეს შექმნიდა ფინანსური და ტექნიკური განხორციელების პლატფორმებს, რომელიც ადვილად ტრანსფორმირებადი იქნებოდა ზომასა და მასშტაბებში. ეს განსაკუთრებით მნიშვნელოვანია, როდესაც საქმე ეხება მსს-ზის სექტორის დაფინანსებას. ამ სექტორში რთულია მასშტაბის ეკონომიის მიღწევა, არსებობს მნიშვნელოვანი სტრუქტურული ბარიერები და მსესხებლების გადახდისუნარიანობა კითხვის ქვეშ დგას. ნათელია, რომ სასტარტო კაპიტალიზაციის წყაროსათვის საჭირო იქნება დონორის ფონდები, მწვანე კლიმატის ფონდი და სახსრების მოზიდვის სხვა ფორმები, ენერგო ეფექტურ პროექტებში ფინანსირებისათვის. ესაა ერთი მიდგომა კაპიტალიზაციისათვის.

- *ეროვნული განვითარების ბანკის ან ფონდის შესაძლო როლის კვლევა:* მთავრობა შეიძლება განიხილავდეს ახალი ბანკის ან ეროვნული ფონდის შექმნას, ფინანსური სახსრების განაწილებისათვის. ეროვნული განვითარების ბანკები ხშირად გამოიყენება განვითარების რომელიმე პოლიტიკის გასატარებლად შეღავათიანი ფონდების მეშვეობით. ამ ტიპის ინსტიტუციებმა არ უნდა მოახდინოს კომერციული მოთამაშეებისათვის საბაზრო წესების დამახინჯება (მაგ. გამარჯვებულების წარმოჩინებით ან კომერციული ბანკების შევიწროვებით). მთავრობას აგრეთვე ესაჭიროება შეღავათებისა და სუბსიდიების დასაშვები დონის არსებობა იმგვარად, რომ არ მოხდეს ამ შეღავათების ბენეფიციარების ძალზედ უპირატეს მდგომარეობაში ჩაყენება. ამ ტიპის ფონდს ასევე დასჭირდება პროექტების ღირებულების განსაზღვრის, მონიტორინგის და შედეგების შეფასების უნარები. დამატებით, მან ხელი უნდა შეუწყოს ბაზრის განვითარებას უკეთესი მონაცემებით და მწვანე ინვესტიციებიდან მისაღები სარგებლის წახალისებით.

5.6. მსს-ს შორის ცოდნის ამაღლება მწვანე ეკონომიკის საკითხებთან დაკავშირებით

- *მწვანე შესაძლებლობების შესახებ ცოდნის ამაღლება მსს-ს შორის:* მსს-ს დიდ, უკეთესი რესურსებით აღჭურვილ კომპანიებთან შედარებით, ხშირად უფრო ნაკლებად აქვთ ინფორმაცია არსებული შესაძლებლობების შესახებ. ენერგო ეფექტური ტექნოლოგიების და აქედან მომდინარე ეკონომიკური ეფექტის შესახებ უკეთეს ცოდნას პოტენციურ მსესხებლებს შორის, შეუძლია გააუმჯობესოს მწვანე ინვესტიციებზე მოთხოვნა. სახელმწიფოებს აგრეთვე შემოაქვთ სასწავლო სქემები და პრინციპები საინფორმაციო ნაკადების გასაუმჯობესებლად, ცოდნის ასამაღლებლად მწვანე ინვესტიციებიდან მომდინარე სარგებლთან და, ეროვნულ და საერთაშორისო დონეებზე, არსებულ საუკეთესო გამოცდილებასთან დაკავშირებით და ანალიტიკური უნარების გასაძლიერებლად.
- *იმ მექანიზმებისა და მეთოდების მხარდაჭერა, რომლებიც მსს-ს დაეხმარება გარემოს დაცვით ქმედებებში:* მთავრობას შეუძლია შექმნას პროგრამები გარემოს დაცვითი ქმედებების და მენეჯმენტის საშუალებების და მეთოდების განვითარების მხარდასაჭერად, რომლებიც გამიზნული იქნება მსს-ებზე. დასაწყისში ეს შეიძლება მიმართული იყოს ენერგო მენეჯმენტზე და მოიცავდეს მარტივ კალკულატორებს, გაუმჯობესებიული ეფექტურობისგან ხარჯების ანაზღაურების პოტენციალის უკეთ გასაგებად, ისევე როგორც, რჩევას თუ როგორ უნდა იქნეს მიღებული შემდგომი მხარდაჭერა და ფინანსები.
- *„მწვანე ბრენდირების" გაძლიერება:* ძლიერი გარემოსდაცვითი და სოციალური მახასიათებლები სულ უფრო გადამწყვეტი ელემენტი ხდება

ბრენდირებისა და ბაზარზე პოზიციონირებისათვის. ზოგიერთ მსს-თან დაკავშირებულ სეგმენტში (მაგ. სასტუმროები, ტრანსპორტი), მდგრადობა, ენერგო- და გაფართოებულ რესურს ეფექტურობასთან ერთად, როგორც ცენტრალური ელემენტი, ძირითადი განმასხვავებელი ნიშანი ხდება. მთავრობა უნდა ისწრაფვოდეს მსს-ის ის სექტორი გამოავლინოს, სადაც გარემოს დაცვითი მახასიათებლები მთავარი საფირმო ნიშანია. მთავრობამ უნდა იმუშაოს ამ სექტორებთან მეტი გარემოს დაცვითი ტექნოლოგიების ასათვისებლად, მათ შორის მხარი დაუჭიროს ეროვნული და საერთაშორისო სერტიფიცირების სქემების შემოღებას.

გამოყენებული ლიტერატურა

NBG (2019), "Roadmap for Sustainable Finance in Georgia", National Bank of Georgia, webpage (accessed 23 October 2019), https://www.nbg.gov.ge/uploads/finstability/roadmap/sustainable_finance_roadmap_eng.pdf. [5]

OECD (2018), *Mobilising Finance for Climate Action in Georgia*, Green Finance and Investment, OECD Publishing, Paris, https://dx.doi.org/10.1787/9789264289727-en. [1]

OECD (2016), *Promoting Better Environmental Performance of SMEs: Georgia*, OECD Publishing, Paris, http://www.oecd.org/env/outreach/Georgia%20pilot%20project%20report%20final%20EN.pdf. [3]

Singh, J. (2016), *Energy Efficiency Financing Option Papers for Georgia*, World Bank, Washington, DC, http://documents.worldbank.org/curated/en/825761475845097689/Energy-efficiency-financing-option-papers-for-Georgia. [4]

World Bank (2017), *Georgia – Private Sector Competitiveness Development Policy Operation*, World Bank, Washington, DC, http://documents.worldbank.org/curated/en/478801501725663367/pdf/Georgia-Private-Sector-Competitiveness-PD-07112017.pdf. [2]

დანართი A. საქართველოს საბანკო სექტორი

დანართი A გარკვეულ სახის ძირითად ინფორმაციას იძლევა საქართველოში საბანკო სექტორის როლისა და შესაძლებლობის შესახებ, ქვეყნის ეკონომიკური განვითარების ხელშეწყობის თვალსაზრისით. აქვე ყურადღებითაა შესწავლილი საბანკო სექტორის მთავარი მიმართულება, განსაკუთრებით ფინანსური კრიზისის შემდეგ. დანართში წარმოდგენილია ის უმთავრესი რეფორმები, რომელთა გატარება მოუწევს საქართველოს მთავრობას. ეს რეფორმები მიმართული უნდა იყოს ეფექტური და კონკურენტუნარიანი საბანკო სისტემის შექმნაზე, რაც აგრეთვე გამოიწვევს მწვანე სესხების უფრო მაღალი მოცულობით შეთავაზებას.

ბაზრის სტრუქტურა და ძალათა გადანაწილება

საქართველოს საბანკო სექტორში კონცენტრირების მაღალი ხარისხი შეინიშნება. სამი უმსხვილესი ბანკი ფლობს აქტივების 79%-ს, ხოლო მათ შორის ორი უმსხვილესი, თი-ბი-სი და საქართველოს ბანკი, ამ აქტივების 74%-ს.

საქართველოს საფინანსო სექტორი თითქმის მთლიანად ბანკებით არის წარმოდგენილი (90%+). ფასიანი ქაღალდების ბაზარი განუვითარებელია ამის მთავარი მიზეზი სავარაუდოდ სტრუქტურულ საკითხებთანაა დაკავშირებული. ფასიანი ქაღალდების ბაზარი ძალზედ არალიკვიდურია. სამთავრობო ობლიგაციები ლიკვიდურია, მაგრამ კერძო ობლიგაციების გამოშვება შეზღუდულია.

გრაფიკი A A.1. არასაბანკო ფინანსური აქტივების წილი მთლიან აქტივებთან მიმართებაში, 2008-18 წწ.

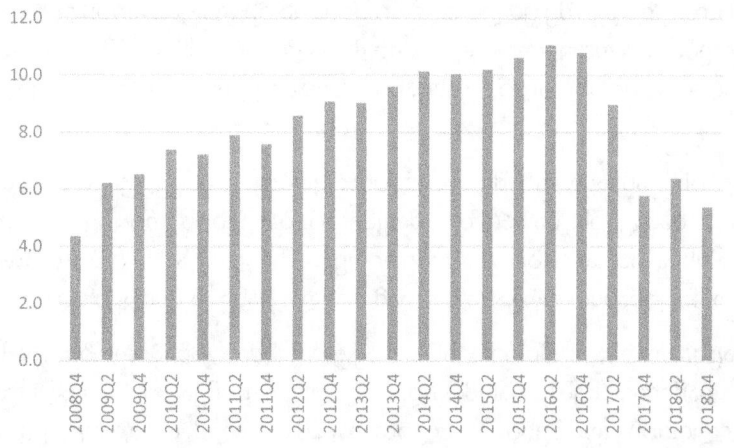

წყარო: (NBG, 2019[1])

2017 წელს, საერთაშორისო საფინანსო კორპორაცია დაეხმარა საქართველოს ბანკს მისი პირველი ეროვნულ ვალუტაში ნომინირებული ევრობონდის ემისიაში. მან მოახდინა დაახლოებით 45 მილიონი აშშ დოლარის ინვესტირება, რაც დაეხმარა დაახლოებით 250 მილიონი აშშ დოლარის მოზიდვაში, დაახლოებით 20 საერთაშორისო ინვესტორისგან. ეს სამწლიანი ობლიგაციები, განვლილ ათწლეულში, პირველი იყო ევროკავშირის აღმოსავლეთ პარტნიორობის რეგიონის ქვეყნებიდან, რუსეთის ფედერაციის გამოკლებით. ამან ხელი შეუწყო ადგილობრივ ვალუტაში სესხების გაცემას და დედოლარიზაციის ძალისხმევას. ამ ემისიამ ბანკს საშუალება მისცა გაეზარდა ლარში განხორციელებული გრძელვადიანი დაფინანსებები არაკორპორატიული კლიენტებისათვის და მცირე და საშუალო სიდიდის საწარმოებისათვის (მსს). ეს მათ დაეხმარა თავიდან აერიდებინათ ის რისკები, რაც დაკავშირებულია უცხოურ ვალუტაში აღებულ სესხებთან (Agenda.GE, 2017[2]).

თუმცა, ამ მიმართულებით პოლიტიკის განმახორციელებელმა უწყებებმა გარკვეული ზომები უნდა მიიღონ. მაგალითად, მათ უნდა უზრუნველყონ ბაზარზე მოხვედრის ღიაობა და თავისუფალი კონკურენცია. მათ აგრეთვე უნდა უზრუნველყონ საკმაოდ ძლიერი დაცვითი ზომები ფარული გარიგებების ან ბაზარზე დომინირების საწინააღმდეგოდ. და ბოლოს, მათ უნდა უზრუნველყონ, რომ ორი დაწესებულება, საქართველოს ბანკი (სბ) და თბს-ი,(თიბისი) არ აღმოჩნდებიან ის ბანკები, რომელთაც აპრიორი მიეცემათ მხარდაჭერა, რადგან საწინააღმდეგო შემთხვევაში ეს სისტემის ჩამოშლის საფრთხედ შეიძლება იყოს აღქმული (“too big to fail”).

საქართველოში შედარებით სუსტი საკანონმდებლო ჩარჩოა კორპორაციული მმართველობისათვის. ახალი კორპორაციული მართვის კოდექსმა, რომელიც საქართველოს ეროვნულმა ბანკმა მიიღო, უნდა დაარეგულიროს საქართველოს საბანკო სექტორიდან მომდინარე მმართველობასთან დაკავშირებული გამოწვევები. გამომდინარე იქიდან, რომ თი-ბი-სი ბანკი და სბ ლონდონის საფონდო ბირჟაზე ირიცხებიან, სათაო კომპანიების მეშვეობით, მათ აქვთ ბევრად უფრო მაღალი მმართველობის და გამჭვირვალობის დონე, ვიდრე ბევრ სხვა ბანკს. მათ აგრეთვე შეუძლიათ მოიზიდონ ინვესტორების ფართო სპექტრი. თუმცა, ეს ხდება საქართველოს ფასიანი ქაღალდების ბაზარზე ლიკვიდურობის ხარჯზე, რადგან ძირითადი ფასიანი ქაღალდები არ ირიცხებიან შინაურ ბაზარზე.

2015-17 წლების განმავლობაში, მიმდინარეობდა გარკვეული კონსოლიდაცია საქართველოს ბანკების ბაზარზე. მოქმედი ბანკების რიცხვი 21-დან 16-მდე შემცირდა. ექვსმა პატარა ბანკმა ოპერირება შეწყვიტა ან თბს-ი/სბ-მა იყიდეს. ერთმა მიკრო საფინანსო ორგანიზაციამ მიიღო ბანკის ლიცენზია.

კონსოლიდაცია ორმა უმთავრესმა ფაქტორებმა განაპირობა. საქართველოს ეროვნული ბანკმა (სებ) წარმოადგინა უფრო მკაცრი რეგულაციები და ზედამხედველობის ფორმები. მაგალითად, 2018 წელს, როგორც შედეგი ბაზელი III-ის ჩარჩოზე გადასვლისა, სებ-მა წარმოადგინა კაპიტალის გაზრდილი

მინიმალური მოთხოვნები. ბაზარზე არსებული კონკურენცია (მასშტაბის ეკონომია და ეფექტურობა) კიდევ ერთი ფაქტორია, რამაც ხელი შეუწყო კონსოლიდაციის პროცესს.

ცხრილი A A.1. კონსოლიდაცია საქართველოს საბანკო ბაზარზე

დრო	კონსოლიდაცია
იანვარი 2015	თი-ბი-სი ბანკისა და ბანკი კონსტანტას შერწყმა
მაისი 2015	სბ-სა და პრივატ ბანკის შერწყმა
2016	პროგრეს ბანკს გაუუქმდა საბანკო ლიცენზია და არასაბანკო ინსტიტუტი გახდა
სექტემბერი 2016	სებ-მა ლიცენზია ჩამოართვა ბანკ კავკასუს დეველოპმენტი-ს; მიზეზი: აზერბაიჯანში დამფუძნებელი კომპანიის გაკოტრება
ნოემბერი 2016	კაპიტალ ბანკის დახურვა სებ-ის რეგულაციის დარღვევის გამო (ფულის გათეთრება)
მარტი 2017	კრედოზე (მისო) საბანკო ლიცენზია
მაისი 2017	თი-ბი-სის და ბანკ რესპუბლიკის შერწყმა

წყარო: (GET Georgia, 2018[3]).

შეინიშნება უცხოური კაპიტალის მონაწილეობის მაღალი დონეც (16-დან 15 ბანკში). აქტივების 80% უცხოურ საკუთრებაშია (ამასთან უფრო პორტფელური ინვესტორების, ვიდრე სტრატეგიული ინვესტორების). რეგიონში საქართველოსთან დაკავშირებით უჩვეულო მდგომარეობაა ის, რომ აქ არაა სახელმწიფო საკუთრებაში არსებული ბანკები. როგორც საერთაშორისო გამოცდილება გვკარნახობს, მაღალი კონცენტრაციის მქონე საბანკო სისტემაც შეიძლება იყოს ეფექტური და უზრუნველყოფდეს კრედიტებზე წვდომას მსს-თვის.

საბანკო სექტორში არსებული ტენდენციები

ძლიერი პროგრესი შეინიშნება ფინანსური შუამავლობის განვითარების მხრივ.

სექტორის დახასიათება

საქართველოს ბანკებს კაპიტალიზაციის კარგი ხარისხი აქვთ. ყველა ბანკი უპრობლემოდ ასრულებს კაპიტალის მინიმალური ადექვატურობის კოეფიციენტს, რომელიც განსაზღვრულია 10.5%-ით. 2018 წელს ბაზელი III-ზე გადასვლისას, მოთხოვნები შეიცვალა და იგი განსხვავებულია თითოეული ბანკისთვის. საქართველოს ეროვნული ბანკი სავალდებულოდ იყენებს რისკის ამსახველ კოეფიციენტებს უცხოურ ვალუტაში გაცემულ სესხებზე. სბ-ს და თი-ბი-სი ბანკს გააჩნიათ დამატებითი დამცავი მექანიზმები. ეს სავალუტო ბუფერები შენარჩუნებული უნდა იქნას, გარედან მომდინარე რისკებისა და სისუსტეების გათვალისწინებით.

გრაფიკი A A.2. საზედამხედველო კაპიტალის ადეკვატურობის დონე საქართველოს ბანკებისთვის (ბაზელი III), პროცენტულად, 2014-18

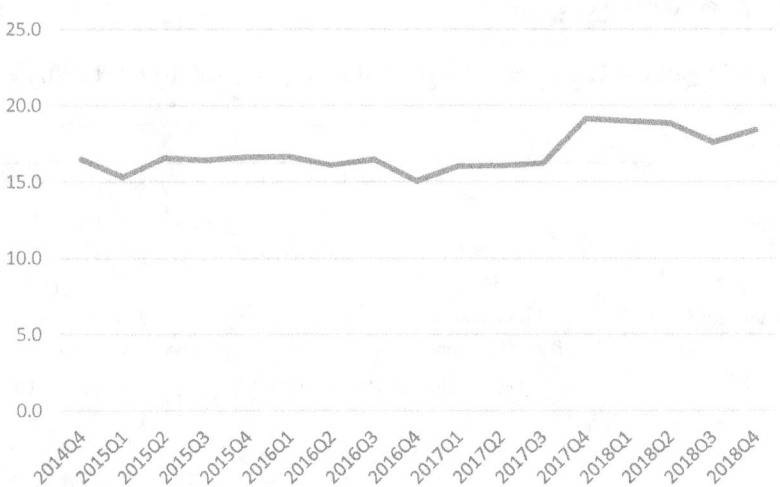

წყარო: (NBG, 2019[1]).

თავად სესხების ხარისხთან დაკავშირებით შეიძლება ითქვას, რომ ვადაგადაცილებული კრედიტების რიცხვმა იკლო (სებ განმარტებაზე დაყრდნობით). თუ 2013 წელს ვადაგადაცილებული კრედიტები 9.5%-ს შეადგენდა, 2018 წლის ბოლოს ეს მაჩვენებელი 5.5%-ით განისაზღვრა. ზოგადად ბანკები მიმართავენ სესხების უზრუნველყოფის მკაცრ პოლიტიკას, დავალიანების მქონე კომპანიების აქტიური გამოყენებით, რასაც მხარს უჭერს ახალი კანონი გადახდისუუნარობაზე. 2015 წელს ლარის გაუფასურების შედეგად, რაიმე შესამჩნევი ზრდა ვადაგადაცილებული სესხების მოცულობის ზრდაში არ მომხდარა. საცალო კრედიტების და უცხოურ ვალუტაში აღებული სესხების რაოდენობის ზრდის გამო, შესაძლებელია ვადაგადაცილებული კრედიტების ზრდაც. ამასთან, უნდა აღინიშნოს, რომ ეროვნული ბანკი ახორციელებს მკაცრ ზედამხედველობას.

გრაფიკი A A.3. დაუბრუნებელი კრედიტები საქართველოს ბანკებში, წილობრივად, 2008-18

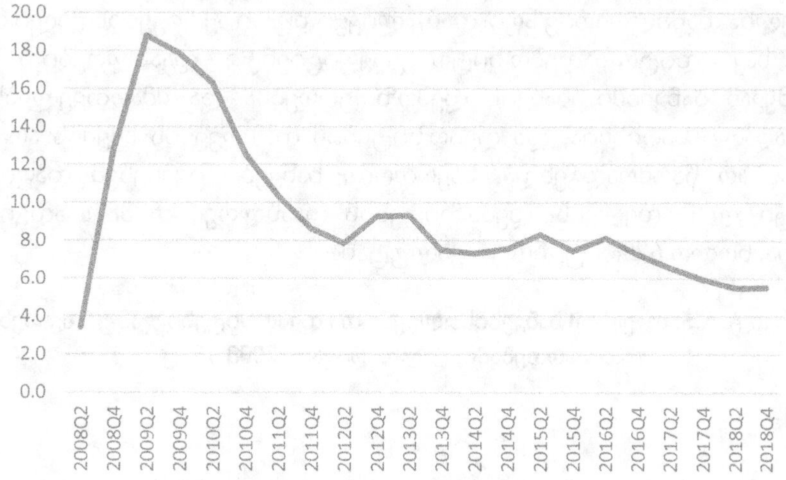

წყარო: (NBG, 2019[1]).

ფინანსური კრიზისის დროს სექტორის რენტაბელობა უარყოფითი იყო, მაგრამ მდგომარეობა მალე გამოსწორდა. უკუგება ძირითად კაპიტალზე საბანკო სექტორში საქართველოში მაღალი მაჩვენებლით ხასიათდება (2018 წელს 23.3%), რაც ბევრად მაღალია, ვიდრე რეგიონის სხვა ბანკებში. უკუგების ეს მაღალი მაჩვენებელი საბანკო სექტორში სტაბილურობას უზრუნველყოფს და ნაწილობრივ ეს შეიძლება აიხსნას კარგი საბანკო ეფექტურობით და აქტივების დაბალი გაუფასურებით (მაგ. ვადაგადაცილებული კრედიტები და დაუფარავი კრედიტების დაბალი პროცენტული მაჩვენებელი).

გრაფიკი A A.4. საკუთარი კაპიტალის რენტაბელობა საქართველოს ბანკებში, 2008-18, წილობრივად

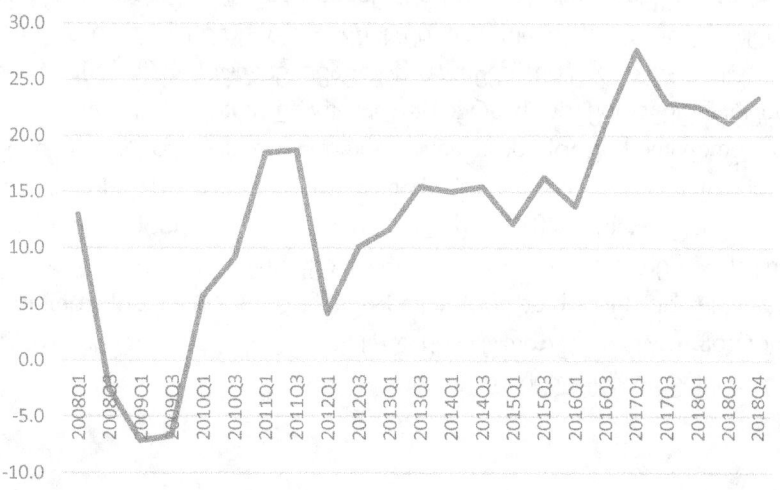

წყარო: (NBG, 2019[1]).

საქართველოს ბანკები 2014 წლიდან სტაბილურ დაფინანსებას იღებდნენ მზარდი დეპოზიტების სახით, მიუხედავად რეგიონში არსებული მდგომარეობისა და ლარის გაუფასურებისა. კონსოლიდირებული დაფინანსება შეზღუდულია (ნაწილობრივ სფი-დან). ლიკვიდური აქტივების წილი მაღალია, როდესაც საკრედიტო-სადეპოზიტო კოეფიციენტი დაახლოებით 100%-ია ყველა წამყვან ბანკებში. ბანკის დეპოზიტორებსა და მმართველებს შორის ნდობის მაღალი ხარისხია, და დეპოზიტების დაზღვევის სქემის არარსებობა პრობლემას არ წარმოადგენდა. საერთოდ, ბანკები იყენებენ დაფინანსების კონსერვატიულ მოდელებს. დეპოზიტების დაახლოებით 38% ადგილობრივ ვალუტაშია, ხოლო 62% - უცხოურ ვალუტაში.

გრაფიკი A A.5. თველოს ბანკების კლიენტთა დეპოზიტები ჯამურ სესხებთან მიმართებაში, წილობრივად, 2008-18

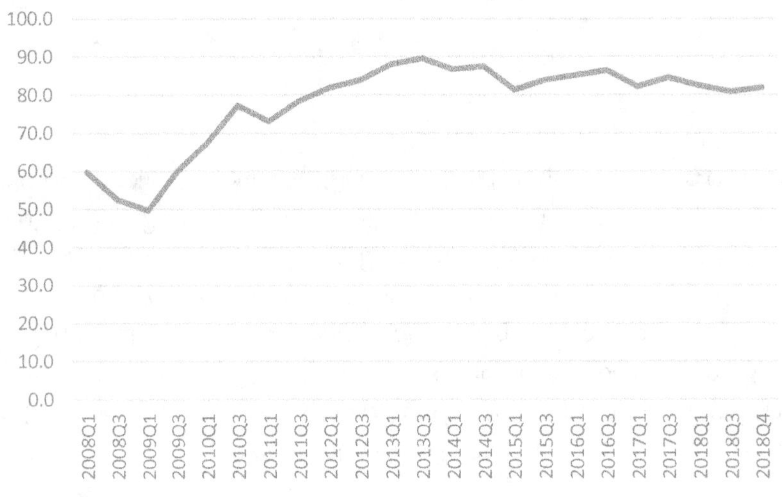

წყარო: (NBG, 2019[1]).

დოლარიზაციას შეუძლია საფრთხე შეუქმნას ბანკების გადახდისუნარიანობას და ფინანსურ სტაბილურობას. მას შეუძლია აგრეთვე საფრთხეები შეუქმნას მაკრო პოლიტიკურ დონეზე (შექმნას მცოცავი ვალუტის შიში). ერთის მხრივ, სანდო მონეტარული რეჟიმის არქონა და არამდგრადი გაცვლითი კურსი და ინფლაცია, დოლარიზაციის მთავარი გამომწვევი მიზეზებია. მეორეს მხრივ, მართვად ინფლაციას და ნდობის ხარისხის ზრდას, შეუძლია ნეგატიური ასპექტები შეამციროს. 2017 წელს მოხდა სესხების დოლარიზაციის მნიშვნელოვანი შემცირება, რასაც ხელი შეუწყო 100 000 ლარზე ქვემოთ უცხოურ ვალუტაში სესხის აღების აკრძალვამ. დეპოზიტების დოლარიზაციაც ასევე შემცირდა. თუმცა, უცხოური ვალუტა კვლავ განიხილება დანაზოგების შენახვის უმთავრეს საშუალებად.

გრაფიკი A A.6. საქართველოს ბანკების მიერ გაცემული, ქართულ ვალუტაში დენომინირებული სესხების წილი, 2008-18

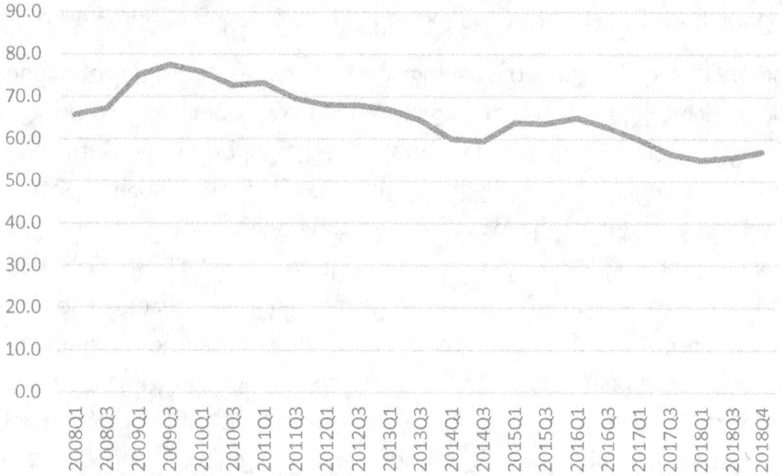

წყარო: (NBG, 2019[1]).

მიმდინარე რეფორმა

დოლარიზაცია რჩება საქართველოს ფინანსური სისტემის ძირითად მოწყვლად წერტილად. ამ პრობლემასთან დასაპირისპირებლად ყველა წინაპირობა არსებობს. უცხოურ ვალუტაში დენომინირებული სესხების შემთხვევაში კაპიტალის მიმართ უფრო მაღალი მოთხოვნები, ბუფერის როლს შეასრულებს და შეამცირებს რისკებს. ინფლიაციაზე ინდექსირებული ბონდების გამოჩენა აგრეთვე შეუწყობს ხელს ამას, ისევე, როგორც ადგილობრივ ვალუტაში გრძელვადიანი სასესხო ვალდებულებების შეთავაზება. აგრეთვე არსებობდა საფრთხეები გამომდინარე საბანკო სექტორისა და ეკონომიკის სხვა სფეროებს შორის არსებულ ახლო ურთიერთობებიდან. კომერციულ საბანკო ჯგუფებს ისტორიულად გააჩნიათ ინტერესი მთელი რიგი სხვა სექტორების მიმართ, მათ შორის, სამშენებლო, ჯანდაცვის, ტურიზმის, განათლებისა და მეღვინეობის სექტორებში. არსებობდა იმის შიში, რომ ბანკები მათთან დაკავშირებულ კომპანიებზე შეღავათიან პირობებში გასცემდნენ სესხებს. ეს ამახინჯებს ბაზარს და ამცირებს კრედიტზე წვდომას სხვა კომპანიებისათვის (Khundadze, 2017[4]). საქართველოს ეროვნულმა ბანკმა და მთავრობამ 2014 წელს წარმოადგინა რეგულაცია, რომელიც უპირისპირდებოდა ერთობლივ მფლობელობას. თუმცა, საფრთხეები რჩება და არსებული მდგომარეობა საჭიროებს მუდმივ მონიტორინგს.

საქართველოში განუვითარებელია სხვადასხვა ტიპის ფასიანი ქაღალდების ბაზრები. დიდი კომპანიები აწყდებიან გრძელვადიან, ადგილობრივ ვალუტაში არსებულ სასესხო ინსტრუმენტების და რისკებზე ორიენტირებული კაპიტალის ნაკლებობას. ცენტრალური ევროპის გამოცდილებით გამოჩნდა, რომ ორივე ბაზარი შესაძლოა ლიკვიდური იყოს, მცირე ეკონომიკების შემთხვევაშიც კი. საქართველოს საპენსიო ფონდების შექმნა და უცხოელი ინსტიტუციური

ინვესტორების მზარდი ინტერესი წაადგება ამ პროცესს. ამ მიმართულებით მარეგულირებელი უპირატესობები მდგომარეობს შემდეგში: ლიკვიდურობის ზრდა, მაღალი გამჭვირვალობა ფასიანი ქაღალდების ბრუნვაში გაშვებისას და იმ კომპანიების ჩამონათვალი, რომლებიც წარმართავენ საბირჟო ოპერაციებს.

ევროკავშირთან ღრმა და თავისუფალი სავაჭრო სივრცის შეთანხმების ფარგლებში, საქართველომ აიღო ვალდებულება ეტაპობრივად მიიღოს მთელი რიგი კანონები. ეს თავად ქვეყნის ინტერესებშია მიიღოს იმგვარი საკანონმდებლო რეჟიმი, რომელიც საერთაშორისო მასშტაბით ნდობას დაიმსახურებდა. მაგრამ ევროკავშირის კანონები მიღებული უნდა იქნას ადგილობრივი კონტექსტის გათვალისწინებით. დეპოზიტების სადაზღვევო ფონდი ამის კარგი მაჩვენებელია. როგორც ყველა მზარდი ბაზრისთვისაა დამახასიათებელი, მნიშვნელოვანია შესაბამისად ფუნქციონირებადი საბანკო რეგულაციების ჩარჩოს არსებობა. თუმცა, პოტენციური გარანტიების მობილიზება დამოკიდებული იქნება იმგვარი საშიანაო საზედამხედველო სისტემის შექმნაზე, რომელიც ნდობით ისარგებლებს. ფასიანი ქაღალდების ბაზრის მრავალი ინსტრუმენტი ჯერ კიდევ არ არის შექმნილი საქართველოში. ევროკავშირის არსებული წესები შესაძლოა ზედმეტ არასაჭირო ტვირთად დააწვეს საზედამხედველო სისტემას და ხელი შეუშალოს ბაზრის შემდგომ განვითარებას.

გამოყენებული ლიტერატურა

Agenda.GE (2017), “International finance corporation invests in Bank of Georgia landmark eurobond”, *G.E. Agenda,* 2 June, http://agenda.ge/en/news/2017/1099. [2]

GET Georgia (2018), “Banking sector monitoring Georgia 2018”, *Policy Study Series*, No. PS/01, German Economic Team Georgia/Berlin Economics, Tibilisi/Berlin, https://www.get-georgia.de/wp-content/uploads/2018/03/PS_01_2018_en.pdf. [3]

Khundadze, T. (2017), “The two faces of Georgia’s banking sector”, *OC Media,* 31 March, http://oc-media.org/the-two-faces-of-georgias-banking-sector/. [4]

NBG (2019), *Financial Soundness Indicators*, National Bank of Georgia, webpage (accessed 23 October 2019), https://www.nbg.gov.ge/index.php?m=304. [1]

დ ა ნ ა რ თ ი B. ინვესტიციები მსს-ის რესურს-ეფექტიან და დაბალი ღირებულების მქონე ენერგიებში

რესურს ეფექტური და სუფთა წარმოების საინვესტიციო ღონისძიებების დასახელება	პროექტის მოკლე აღწერა, მოსალოდნელი გარემოსდაცვითი სარგებლისა და ხარჯების ეკონომიის ჩათვლით	ჯამური ინვესტიციის ღირებულება, EUR	კომპანიის ტიპი
გაუმჯობესებული ენერგოეფექტურობა ასფალტის მწარმოებელ ქარხანაში	• ბითუმის რეზერვუარისა და ბითუმის შემადგენელი ნაწილის გამაცხელებელი თბოგადამცემი მილიდან მომდინარე ნარჩენი გამონაბოლქვი აირების სითბოს მოპოვება. ნარჩენი გამონაბოლქვი აირების დანადგარი სითბოს მოპოვებისათვის. • სპეციალური ჰიდრო-საიზოლაციო შეფუთვის გამოყენება ინერტული მასალებისათვის წვიმის ან თოვლის დროს. • ბითუმის მილის თბოიზოლატორის გამოყენება. • ენერგოეფექტურობის გაუმჯობესება ამცირებს CO_2-ის და სხვა დამაბინძურებელი აირების ემისიებს ატმოსფეროში და აგრეთვე აუმჯობესებს გარემოს ხარისხს ქარხნის ტერიტორიაზე. • წლიური CO_2-ის ემისიის შემცირება: 82.9 ტონა; • ხარჯების დანაზოგი: 13 500 ევრო.	6 300	მცირე სიდიდის ასფალტის მწარმოებელი კომპანია, 38 დასაქმებული პირით
ბუნებრივი გაზისა და ბითუმის მოხმარების შემცირება ინერტული მასალების გაშრობისა და მინერალური ფხვნილისათვის; დამატებითი მოწყობილობის დამონტაჟება	• ღია ცის ქვეშ დასაწყობებული ინერტული მასალების შეფუთვა სპეციალური წყალგაუმტარი მასალით (2 000 m2) და 200 მ. სიგრძემდე წყლის სადრენაჟე არხების მოწყობა. ამ ღონისძიებების შედეგად, დაიზოგება 37 500 m3 ბუნებრივი გაზი, რაც შეესაბამება ყოველწლიურად 10 240 ევროს დანაზოგს • ღია ტიპის ბითუმის რეზერვუარის ერთი სექციის გადახურვა, მეტალის კონსტრუქციის ჩათვლით, არხი #10, ოთხკუთხა მილი60*100მმ და სახურავის ფირფიტა 0.5მმ. ეს ღონისძიება იძლევა ყოველწლიურად 4 000m3 ბუნებრივი გაზის დაზოგვას, რაც 1 100 ევროს შეესაბამება • ზედაპირულად-აქტიური ნივთიერების გამოყენება მოახდენს 32 ტონამდე ბითუმის დაზოგვას ყოველწლიურად. თუ მოხდება ამ ტექნოლოგიის დასამონტაჟებლად სპეციალური მოწყობილობაა საჭირო. ეს ტექნოლოგია ყოველწლიურად 11 076 ევროს ოდენობის დანახარჯების ეკონომიას იძლევა.	9 450	საშუალო სიდიდის გზის სამშენებლო კომპანია, 135 დასაქმებული

კუსტარულად დამონტაჟებული მოწყობილობის ენერგო მოხმარების შემცირება: თერმოიზოლაცია და მზის კოლექტორები	• თბოიზოლაციის მონტაჟი ახალი საშახტე ჭის ხუფის გამოყენებით • 6 ერთეული სამხრეთისკენ მიმართული ვაკუუმის 30-მილიანი მზის კოლექტორის მონტაჟი, ელექტროენერგიის მოხმარების შემცირების მიზნით; მზის დანადგარი გამოიმუშავებს სითბოს ზამთარში, ხოლო ზაფხულის განმავლობაში ის გაათბობს წყალს, ელექტროენერგიის (წყლისელექტროენერგიის) გამოყენების გარეშე. საშახტე ჭის ხუფის კონსტრუქციის შეცვლა დამატებითი თერმოიზოლაციის მოწყობა შედეგად იძლევა 10 275 kWh ელექტროენერგიის მოხმარებას, რაც კომპანიის მიერ ამჟამად მოხმარებული ენერგიის 10%-ის ექვივალენტია. თანხობრივად, ეს ყოველწლიურად 780 ევროს დაზოგვის ტოლფასია. წყლის გამაცხელებელი ვაკუუმის 30-მილიანი მზის კოლექტორის მონტაჟის შედეგად ელექტროენერგიის დანაზოგი 32 900 kWh-ს შეადგენს, რაც ამჟამად მოხმარებული ენერგიის 75%-ის ექვივალენტია. ეს კი კომპანიას შესაძლებლობას მისცემს წლიურად 1 900 ევროს დაზოგვა მახდინოს.	6 200	საშუალო სიდიდის მეტალოკონსტრუქციების მწარმოებელი საწარმო, 41 დასაქმებული
ორთქლის გენერატორში გამოყენებული წიაღისეული საწვავის შეცვლა შედარებით იაფი ბიო-საწვავით შეცვლა	• მეღვინეობიდან მიღებული ყურძნის მტევნის ყუნწები, რაც დიდი რაოდენობით რჩება ადგილობრივი ადგილობრივ მეღვინეებს, გამოყენებული იქნება, როგორც ბიო-საწვავი, ალაოდ გადაქცეული ქერქები ბიოსაწვავად გამოყენება აგრეთვე შესაძლოა, თბოგენერატორებში • შემოთავაზებული თბოგენერატორი შესაძლებელია აეწყოს ადგილობრივ მეტალოკონსტრუქციების ქარხანაში • ბუნებრივ გაზზე მომუშავე ბოილერის ბიოსაწვავზე მომუშავე თბო გენერატორით შეცვლა, გაზრდის კომპანიის წარმოების ეფექტურობას თბოგენერაციის ღირებულების შემცირების შედეგად. ეს ღონისძიება აგრეთვე შეამცირებს რეგიონში მეღვინეობის საწარმოო პროცესის შედეგად წარმოშობილ ნარჩენებს.	15 000	მცირე სიდიდის ლუდსახარში, 38 დასაქმებული
ორთქლის გენერატორში გამოყენებული წიაღისეული საწვავის შეცვლა შედარებით იაფი ბიო-საწვავით შეცვლა: ბუნებრივ გაზზე მომუშავე გენერატორის შეცვლა	• ბუნებრივ გაზზე მომუშავე ბოილერის ბიო-საწვავზე მომუშავე თბოგენერატორით ჩანაცვლება. ამ შემთხვევაში, 10 ტონა ბიოსაწვავი (ყურძნის მტევნის ყუნწები) იქნება გამოყენებული 5 578 მ3 ბუნებრივი გაზის სანაცვლოდ. წლიურად ეს გვაძლევს 130-140 ტონა ყურძნის მტევნის ყუნწების გამოყენების შესაძლებლობას (რომელიც რჩება მეღვინეობიდან), რომლის ენერგეტიკული პოტენციალი 75-80 ათას კუბური მეტრი ბუნებრივი გაზის პოტენციალს უტოლდება. ამასთან ერთად, 11 000 ტონა CO_2 ემისია შემცირდება წლიურად • მიუხედავად 5-წლიანი პროექტისათვის მცირე მიმდინარე სუფთა შემოსავლისა, პროექტს გარემოზე მნიშვნელოვანი ზემოქმედება ექნება, რადგან მას შემოაქვს ცირკულარული ეკონომიკისათვის დამახასიათებელი მიდგომები წარმოებაში	5 500	მცირე ზომის ღვინისა და კონიაკის მწარმოებელი საწარმო, 55 დასაქმებული

შენიშვნა: როგორც ევროკავშირის მიერ დაფინანსებული აღმოსავლეთ პარტნიორობის პროექტის ნაწილი, გაეროს ინდუსტრიული განვითარების ორგანიზაციის (UNIDO) საქმიანობა რესურს ეფექტურ და სუფთა წარმოებაზე (რესწ) საქართველოს მრეწველობის სექტორში, მიმართული იყო მსს-ის დახმარებაზე, რათა მათ მოეხდინათ რესწ-ის ღონისძიებების იდენტიფიცირება და პროექტების მომზადება დაფინანსების მისაღებად. ცხრილში მოყვანილი პროექტები დაკავშირებულია გაეროს ინდუსტრიული განვითარების ორგანიზაციის (UNIDO) მუშაობასთან სწორედ ამ მიმართულებით. განხორციელებული პროექტების მაგალითიდან ჩანს, ის გარემოსდაცვითი სარგებელი და ხარჯების დანაზოგი, რაც შეუძლია მცირე ბიზნესმა მიიღოს რესწ ღონისძიებების განხორციელებით. მოყვანილი მაგალითებიდან აგრეთვე ჩანს, რომ მცირე ფირმების მიერ განხორციელებული ამ ტიპიური ენერგო- და რესურს ეფექტური ინვესტიციების უმეტესობა არის დაბალბიუჯეტიანი ღონისძიება და მწვანე ინვესტიციების იმ საშუალო სეგმენტზე მოდის, რომელიც უინტერესოა როგორც მიკრო-საფინანსო ორგანიზაციებისათვის, ასევე ტრადიციული ბანკებისათვის. გარემოს დაცვაზე მიმართული ფინანსების ბაზრის სიმწირე მთავრობისგან ყურადღების მიქცევას საჭიროებს.
წყარო: ინფორმაცია მოწოდებულია გაეროს ინდუსტრიული განვითარების ორგანიზაციის (UNIDO) მიერ.

www.ingramcontent.com/pod-product-compliance
Lightning Source LLC
Chambersburg PA
CBHW082346220526
45470CB00008B/2663
9789264771970